시련과 연단 속에서
더 큰 사랑을 품게 된
캐런 배 간증집

은총의 날개를 펴고

은총의 날개를 펴고

ⓒ 생명의말씀사 2008

2008년 5월 15일 1판 1쇄 발행

펴 낸 이	김창영
펴 낸 곳	생명의말씀사
등 록	1962. 1. 10. No.300-1962-1
주 소	110-101 서울 종로구 송월동 32-43
전 화	(02)738-6555(본사), (02)3159-7979(영업부)
팩 스	(02)739-3824(본사), 080-022-8585(영업부)
지 은 이	캐런 배

기획편집	김정옥, 김정주
디 자 인	박소정, 정혜미, 전민정
제 작	신기원, 오인선
마 케 팅	이지은, 박혜은, 선승희
영 업	박재동, 김창덕, 김규태, 이성빈, 김덕현, 황성수
인 쇄	영진문원
제 본	정문바인텍

ISBN 978-89-04-15751-8

저작권자의 허락없이 이 책의 일부 또는 전체를
무단 복제, 전재, 발췌하면 저작권법에 의해 처벌을 받습니다.

시련과 연단 속에서
더 큰 사랑을 품게 된
캐런 배 간증집

은총의 날개를 펴고

생명의말씀사

| 추천사 |

"부모가 죽으면 산에 묻고 자식이 죽으면 가슴에 묻는다."는 말이 있습니다.

어느 날 갑자기 사랑하는 대학생인 아들이 교통사고로 하나님의 나라로 갔습니다. 그때의 슬픔과 아픔은 형언할 길이 없었습니다. 저도 위로할 길이 없었습니다. 그저 함께 눈물만 흘렸습니다.

세상에서 고난을 좋아하는 사람은 아무도 없습니다. 그러나 성도가 당하는 고난은 하나님이 하시고자 하는 목적이 있습니다. 그래서 성경은 우리에게 "고난당하기 전에는 내가 그릇 행하였더니 이제는 주의 말씀을 지키나이다"시 119:67라고 말씀하셨습니다. 고난을 통해서 세상을 등지고 하나님께 가까이 가는 분이 많이 있습니다 캐런 배 집사님은 그 중의 한 분이셨습니다.

집사님의 가슴에는 고난 속에 피어난 아름다운 꽃과 같은 신앙심과 외아들 예수님을 나 위해서 죽음의 자리로 내어주신 하나님의 사랑을 깨닫게 되었습니다.

고난의 슬픔을 믿음으로 승화시키며 부활의 소망과 천국에 대한 확신을 가지게 되었습니다. 고난이 크면 하나님의 위로하심도 큰 것처럼, 집사님은 하나님의 사랑과 위로하심을 받고 너무 감사하여 받은 바 은혜를 간증하셨고 많은 고난받는 사람들에게 위로를 주었습니다.

사도 바울이 "찬송하리로다 그는 우리 주 예수 그리스도의 하나님이시요 자비의 아버지시요 모든 위로의 하나님이시며 우리의 모든 환난 중에서 우리를 위로하사 우리로 하여금 하나님에게 받은 위로로써 모든 환난 중에 있는 자들을 능히 위로하게 하시는 이시로다"고후 1:3-4 라고 말씀하신 것처럼, 캐런 배 집사님은 하나님의 사랑과 받은 위로를 다른 사람과 함께 나누기를 원하여 책으로 출판하게 되었습니다.

먼저 저 자신이 글을 읽으면서 많은 감동을 받았습니다. 이 책을 읽는 많은 사람이 집사님과 동일한 은혜를 체험하시기를 원하며, 캐런 배 집사님의 가정 위에 임마누엘의 은총이 함께하시기를 기도합니다.

2008. 5. 1
영생장로교회 담임목사 이용걸

| 추천사 |

작년 여름에 에즈마이아 운동에 참여하셨던 캐런 배 자매님께서 『은총의 날개를 펴고』라는 책을 쓰셨습니다. 사랑하는 아들 J.J.-마음에 담겨 있던 사랑의 화신化身-그 아들을 뜻밖의 교통사고로 먼저 주님 품으로 보낸 후, 그 고통과 울음을 극복하면서 쓴 글입니다. 전반부는 J.J.를 잃게 된 과정을 상세히 그렸고, 후반부는 그 후의 삶을 적은 일기 중 일부입니다.

이 글을 읽으면서 익숙한 이름들, 예를 들면 메릴랜드 대학 병원과 같은 이름들이 나와 한편 반갑기도 했습니다. 저 역시 그 병원에 교인들을 찾아 여러 번 방문했기 때문입니다. 그런가 하면 캐런 배 자매님의 샘처럼 맑은 마음을 마실 수 있었습니다. 자녀를 상실했던 욥이 보여준 그 신앙, 대가를 바라지 않는 그 신앙을 배 자매님의 고통 속에서도 볼 수 있었습니다. 하나님께 무엇인가 대가를 바라고 나아갔던 신앙이라면, J.J.를 잃었을 때 하나님을 원망하고 돌아섰을 것입니다. 오늘같이 거품 신앙이 팽배한 시대에 값비싼 골동품 같은 신앙입니다.

11명의 유사한 고통을 당하는 사람들의 모임에서 캐런 배 자매님의 다음과 같은 말은 그녀의 신앙의 속살을 보여주고 있습니다.

"인간적인 방법으로는 아무리 노력해도 우리의 상처가 아물 수 없다는 것을 나는 깨달았습니다. 오직 하나님의 말씀과 사람만이 우리를 치유할 수 있으며 하나님의 은혜 가운데 우리는 소망을 가지고 살아가야 합니다." 캐런 배 자매님은 그 고통의 깊이만큼 신앙도 깊어져 가고 있습니다.

때로 우리는 '하나님의 이해할 수 없는 인도'를 경험합니다. 분명 하나님의 인도는 인도인데, 도저히 이해가 되지 않는 인생의 순간들이 있습니다. 그때는 이해를 구하기보다 믿음을 달라고 해야 할 때입니다. 캐런 배 자매님은 이 고난에서 완전히 승리하셨다기보다는 승리를 하고 있다고 봅니다. 완전한 승리는 어느 날 밤 꿈속에서 그토록 그리던 J.J.를 안았던 것처럼, 천국에서 그 아들을 육신으로 다시 안을 그때 얻을 것입니다. 그때까지 우리는 계속 믿음의 행진을 계속해야 할 것입니다.

아무쪼록 이 글을 읽는 수많은 사람들이 이 글에서 믿음의 사람 캐런 배 자매님을 만나서, 그녀처럼 믿음의 행진을 계속하시게 되길 조용히 기원합니다.

2008년 4월, 16년 만에 맞이하는 조국의 봄날에
이순근

| 추천사 |

"나의 가는 길을 오직 그가 아시나니 그가 나를 단련하신 후에는 내가
정금같이 나오리라" 욥 23:10.

   하나님의 사랑이 아름답다는 것을 발견하기까지 우리는 많은 시간이 필요하다. 때로는 고통과 슬픔으로 단련된 후에야 하나님에 대한 신뢰의 자리가 우리에게 있게 되는 것은 아닐까?
   한 어미가 자식의 죽음 앞에서 겪은 아픔은 함께 울어야 하는 이야기이다. 하나님은 왜 이런 고난을 주시는 것인가? 우리들의 삶 가운데는 이성으로는 도저히 이해할 수 없는 하나님의 일들이 실재한다. 더욱 놀라운 것은 이런 극심한 고난 중에도 어떻게 이처럼 하나님을 전적으로 의지할 수 있었을까 하는 것이다.
   이는 가장 귀한 아들을 천국으로 떠나 보냈기에 흐느끼는 그 가슴 속에 주님에 대한 소망이 더욱 스며든 것은 아니었을까? 죽고 사는 것이 하나님께 달린 것, 이 세상에서 가장 아름다운 것이 하나님이 주신 사랑임을 깨달았기 때문일 것이다. 이 간증을 읽으면서 발견한

것은 배 집사님의 심장에 새겨진 소중한 단어이다. 그 어떠한 상황과 조건에도 하나님은 자신을 사랑하신다는 믿음이 온전히 그녀의 삶 속에 배어 있게 된다.

그리고 자신에게 주어진 이 고난으로 인생의 참 의미를 알게 하고 예수님 한 분만으로 만족할 수 있다는 믿음을 알게 해주신 그분의 뜻을 깨달은 것이다. 비록 기적은 일어나지 않았지만, 아들을 잃은 슬픔은 있었지만 하나님의 사랑을 바라볼 수 있었던 것이 곧 고난이 주는 유익이다.

주님을 사랑하는 넓고 높고 깊은 믿음으로, 배 집사님의 하나님 되심을 인정해 드리는 마음을 읽으면서, 뜨거워진 감격이 내 안에 있었기에 이 책을 추천하고 싶다.

강보길 목사

| 추천사 |

캐런 배 집사님의 은총의 날개를 펴고……

진정한 치유는 상처입고 회복의 기간을 거친 사람이 아픔 속에 있는 사람의 자리까지 내려가 함께 끌어줄 때 치유의 도구가 될 수 있습니다. 예수님께서도 상처입은 치유자가 되셔서 우리의 내면 깊숙히 내재해 있는 아픔을 함께 씻어 주십니다. 캐런 배 집사님께서 사랑하는 아들을 잃었으나 고통 속에서 하나님의 은혜로 다시 일어나 진정한 예배자와 사역자로 다시 설 수 있게 세워 주신 하나님을 찬양합니다.

이 책을 통해 캐런 집사님은 쓰라린 고통의 과정을 잘 표현하셨습니다. 그러나 그 과정을 통해 하나님께서 어떻게 다시 일어나게 해주신 더 아름다운 과정이 많은 사람들에게 용기를 주고 힘을 줄 수 있게 되기를 바랍니다. 어둠의 터널을 통과하면서 빛을 볼 수 있도록 이 책이 힘든 과정 속에 있는 분들에게 빛이 되기를 바랍니다.

이제 캐런 집사님은 책을 넘어서서 계속적인 섬김과 주위에 아픔을 당한 자들을 돌봄으로 하나님의 치유의 손으로 사용받으시기를 바랍니다. 아픔을 당한 자가 아픔 속에 있는 영혼들의 눈물을 이해합니다. 고통 속에 있는 자들에게 위로의 손길이 되고 영원한 하나님을 만나는 축복의 통로가 되어 아름답게 사용받게 될 것을 바라보며 하나님을 찬양합니다.

GP 선교회 미주 대표
백운영 선교사

| 머리말 |

　영원히 가슴속에 단단히 박혀 사라질 것 같지 않았던 슬픔의 덩어리들이 가슴을 짓누르던 하루 하루, '글'로라도 토해 내지 않으면 견디어 낼 수 없었던 절대 절명의 순간들이 생각난다.

　환난 날에 나를 부르라 내가 너를 건지리니 네가 나를 영화롭게 하리로다 시 50:15.

　이 말씀만을 굳게 붙잡고 하나님께 매달리고 통회하며 고통을 거두어 달라고 울부짖던 시간들 속에 돌이켜보면 하나님은 한순간도 나를 홀로 버려 두지 않으시고 간섭하시며 나의 영혼을 새롭게 소생시켜 주셨다.

부디 이 책이 이 세상에 나가서 사랑하는 사람들을 잃고 고통 속에 잠겨 있는 많은 사람들에게 하나님의 위로하심과 크고 영원하신 사랑을 가슴으로 느끼며 천국의 소망을 굳게 붙잡게 되기를 기도드린다.

어려운 시간들을 함께하여 주신 목사님들과 성도님들 또한 친구들에게 이 자리를 빌려 감사한 마음을 전하고 싶다. 그리고 우리 부부가 살아가는 날 동안 이 세상에서 더욱더 많은 사람들과 그리스도의 사랑과 향기를 나누며 살게 되기를 소원한다.

| 목 차 |

추천사 _이용걸, 이순근, 강보길, 백운영 4
머리말 _캐런 배 12

희망을 안고

1. 꿈을 찾아서 19
2. 행복이 시작되다 34
3. 먹구름 49
4. 왜 내게? 61
5. "엄마, 사랑해요!" 77

시련의 골짜기에서

6. 크리스마스 97
7. 마지막 키스 111
8. 새로 생긴 버릇 124
9. 위로부터 오는 평안 135
10. 새봄은 찾아오고 149
11. 꿈속의 포옹 172

날개를 펴고

12. 동병상련 189
13. 한국 방문 205
14. 소망_생명을 불어넣는 생기 224
15. 위로받는 자가 위로하는 자로 237
16. 은총의 날개를 펴고 252

희망을 안고

꿈을 찾아서
행복이 시작되다
먹구름
왜 네게?
"엄마, 사랑해요!"

꿈을 찾아서

두려워 말라 내가 너와 함께함이니 사 41:10.

1980년 8월 30일

  다른 날보다 일찍 잠에서 깨어 잠자리에 누운 채로 방안의 낯익은 풍경을 천천히 둘러보았다. "내일이면 낯선 곳에서 눈을 뜨게 되겠지" 하는 생각이 머릿속을 스치고 지나갔다. 한국에서 맞이하는 마지막 아침이라고 생각하니 왠지 코끝이 찡해지며 이름 모를 슬픔이 내 마음속으로 밀려드는 것을 느낄 수 있었다.
  나는 착잡한 마음을 진정시키며 어제 저녁에 다 꾸리지 못한 짐가방을 꺼내 다시 정리하기 시작하였다. 큰 이민 가방 두 개에 옷가지며 친구들이 준 소중한 선물, 사진 등을 챙겨 넣고 식구들과 애써 태연한 척하며 아침을 먹었다.

아침 10시쯤 되니 사촌 오빠가 공항까지 편하게 타고 가라고 나를 위해 보내 준 검정색 자가용이 집 앞에 도착하였다. 나는 마치 무슨 큰일을 하러 가는 사람 모양 의기양양해져 한껏 마음이 부풀어진 채로 동네 사람들의 배웅을 받으며 차에 올랐다.

한국에서 물심양면으로 나를 많이 도와주신 오빠는 이렇게 세심한 부분까지 신경을 써 주셨는데, 내가 미국으로 오고 난 후 2년쯤 뒤에 이민 오셔서 지금은 시카고에 살고 계신다.

차를 타고 김포 국제공항으로 가면서 차창 밖을 내다보니 스치는 풍경 하나 하나가 예사롭지 않고 다 정겨워 보였다. 나는 풀 한 포기 하나라도 놓치지 않으려고 눈을 부릅뜨고 창밖의 풍경들을 내 눈 속에, 마음속에 열심히 그려 넣었다.

오랜 염원이었던 미국이라는 미지의 나라로 가기 위해 드디어 김포공항에 도착하였다.

공항에는 벌써 친구들과 친척들이 나와 있었으며, 주위를 둘러보니 벌써부터 공항 곳곳에는 이별을 앞두고 눈물 짓는 사람들이 군데군데 눈에 띄었다.

언젠가 하와이로 이민 가시는 작은 아버지를 배웅하기 위해 공항에 왔던 적이 있었는데, 그때는 꿈에도 내가 공항에서 다른 사람들과 이별하게 되리라고는 상상조차 못한 일이었다. 참으로 사람의 앞날은 알 수가 없구나 하는 생각이 다시 한번 들었다. 친구들과 사진도

찍고 가족들과도 사진을 찍었다.

　시간이 흐르며 조금씩 사랑하는 사람들과 헤어질 시간이 다가오자 주체할 수 없이 눈물이 흘러내려 시야가 뿌옇게 앞을 가려 식구들과 친구들의 얼굴이 뚜렷하게 잘 보이지 않았다.

　말은 없었지만 아무도 예측할 수 없는 미래에 대한 불안과 염려로 모두들 나를 걱정하고 있는 듯하였다. 다시 만나기도 힘든 멀고 먼 나라로 떠나는 것을 염려하면서도 무조건 행복을 기원하는 마음 하나만으로 나를 떠나 보내야 하는 그들도, 새로운 삶을 시작하고자 태어난 땅에서 뿌리를 내리지 못하고 떠나야 하는 나 자신도 기약할 수 없는 헤어짐이 안타까워 서로의 손을 놓지 못했다. 결국은 서로를 부둥켜안고서 엉엉 소리 내어 울고 말았다.

　나도 순간적으로 내가 왜 이렇게 힘든 이별의 길을 택했는지 후회스러운 마음이 들기도 하였다.

　시간이 되어 내가 타고 가야 할 비행기에 탑승을 하라는 방송이 마이크에서 흘러나왔다. 이젠 정말 떠나는구나 하는 생각에 무척 긴장이 되었다.

　나의 사랑하는 가족들과 친구들의 모습을 뒤로 한 채 비행기를 향하여 걸으며 트랩에 오르기 전 심호흡을 하였다.

　"사랑하는 대한민국이여 안녕! 마음속으로 나의 고향을 향해 작별 인사를 하였다. 고향의 흙냄새가 벌써 그리움이 되어 내 마음속에 슬품을 일구고 있었다."

　비행기를 타고 좌석에 앉으니 이제는 아무것도 돌이킬 수 없다는 생각과 함께 체념을 해서인지 차츰 마음이 가라앉기 시작하였다.

　비행기가 서서히 활주로를 떠나 조금씩 높이 오르더니 어느새 새하얀 구름 위를 날고 있었다. 내가 살던 땅의 모습이 보이지 않자 마음속에 형용할 수 없는 복잡한 느낌들이 깊은 감회에 잠기게 하였다.

　내가 태어나 한 인간으로서 자랑스런 긍지와 가치관을 가지고 땅 위에 꿋꿋이 설 수 있도록 내 삶의 뿌리에 온갖 영양분을 공급해 준 아름다운 나라 한국!

　나의 사랑하는 사람들과 많은 것을 나누며 내 삶의 뿌리를 내렸던 나라!

　이 세상 어디를 가든 어머니의 따뜻한 품처럼 항상 그립고 생각이 날 것만 같은 정든 동네!

　나는 내가 살던 곳을 오랫동안 생생하게 기억하고 싶었다. 나는 눈을 감고 머릿속에 아직은 선명한 동네의 모습을 그리기 시작하였다.

　버스 정류장에 내리면 제일 먼저 눈에 들어오던 흰 아크릴 간판 위에 청색 글씨로 쓴 창동약국의 하얀 간판 그리고 길을 건너면 바로 맞은편에 안이 훤히 들여다보이는 큰 유리문에 빨간 페인트로 세탁소라고 쓰여진 가게가 있었다.

　세탁소는 큰 유리문을 열고 닫게 되어 있어서 천정에 걸린 옷들이며 다림질하는 곳이 훤히 들여다보였는데, 어쩌다 늦은 시간에 집으로 귀가할 때도 언제나 똑같은 모습으로 다림질을 하고 계시던 주인 아저씨의 모습이 제일 먼저 눈에 들어오곤 하였다. 나는 그런 아저씨의 모습을 볼 때마다 집에 거의 다 왔다는 안도의 숨을 내쉬곤 하였다.

항상 콧노래를 흥얼거리며 김이 모락모락 나는 옷들을 다리고 있는 아저씨의 모습을 볼 때마다 성실한 삶에서 배어 나오는 작은 행복이 나에게 전해져 오곤 하였다.

한겨울에는 창문가에 성에가 끼어 안이 잘 보이지를 않아 가까이 다가가 들여다보다가 그 아저씨와 눈이 마주친 적도 있었다. 후다닥 놀라는 나를 향해 아저씨는 싱긋 웃어 주었고 나도 겸연쩍게 따라 웃으며 괜히 행복한 기분으로 집에 돌아가던 기억이 머릿속을 스치고 지나갔다.

세탁소 옆에 언제나 제일 늦게 문을 닫던 식료품 가게, 그곳을 조금 지나 넓은 공터를 지나면 시작되던 주택가들, 한때는 그 마을 어귀에 살았던 친구 영랑이와 헤어질 시간이 되면 못내 섭섭하여 훤한 달밤을 오가며 밤새도록 무수한 이야기를 주고받기도 하였던 인적이 드물고 포장이 안 된 채로 흙냄새가 나던 정겹던 동네길…….

이렇듯 깊이 정이 들고 모든 추억이 머무는 삶의 터전을 뒤로 한 채 나는 불투명한 미래를 향해 가고 있는 것이다. 마음속에 불현듯 미지의 세계에 대한 불안과 기대가 한꺼번에 뒤섞여 착잡한 마음을 떨쳐 버리기가 힘이 들었다.

내가 그토록 원해서 가는 미국인데도 "네가 왜 그 낯설고 먼 미국으로 혼자 떠나야 하는지 모르겠다."며 눈물을 글썽이던 친구의 말이 생각나 또 한번 마음이 서글퍼짐을 느꼈다.

그 동안 미국에 갈 길을 열어 달라고 새벽 제단에 엎드려 하나님께 간구하던 그 많은 날이 꿈을 꾼 듯 아련하고 멀게만 느껴짐은 웬일인지…….

막상 그토록 원하던 미국을 가게 되었는데도 큰 감동이 없는 나 자신이 내가 생각해도 이상하였다. 아마도 아직은 현실감이 나지 않아서 그런 것 같았다.

나는 별로 믿음은 없었지만 막연히 절대자이신 하나님은 열심히 기도를 하면 소원을 들어주실 것이라는 일종의 기복신앙 같은 것을 가지고 있었다.

그래서 그 당시 나의 꿈이었던 미국으로 가기 위해 여러 가지 길을 모색하며 열심히 꿈을 이루어 달라고 기도하기 시작하였다.

나와 친하게 지내던 이해국 씨 가족이 미국에 있는 가족의 초청을 받고 이민을 가게 되었는데, 그곳에 가서 나를 초청할 길을 알아보아 주겠다고 굳게 약속해 주었다.

우여곡절 끝에 어렵게 서류를 시작하여 마침내 마지막 관문인 비자를 받으러 갔는데 첫 번째 비자는 서류가 미비되어 받지 못했다.

두 번째 비자 날짜를 받아 놓고 대사관으로 인터뷰를 하러 가기 전날 밤 걱정이 되어 마음이 불안한 상태에서 잠이 잘 오지를 않았다. 밤새도록 엎치락뒤치락하다가 잠깐 잠이 들었는가 싶었는데 새벽녘에 울리는 교회 종소리가 나의 잠을 깨웠다.

먼 곳에서 아련하게 들려오는 교회 종소리가 마치 나의 잠든 영혼을 깨우듯 벌떡 일으켜 세우며 교회에 가서 기도하지 않으면 안 될 것 같은 절박한 마음을 불러일으켰다.

보통 때 같으면 한참 잠에 빠져 있을 시간에 나도 모르게 벌떡 일어나 교회를 가기 위해 집을 나섰다.

캄캄한 골목길을 지나니 가로등이 환하게 비추는 조금 큰 길이 나왔다. 나는 그 당시 동네에서 몇 정거장 떨어진 영광교회를 다녔다. 새벽에 가자니 너무 멀고 해서 우리 동네로 들어오는 길 입구에 위치한 조그만 교회가 있었는데, 그 교회로 가서 기도하기로 마음을 정하고 그곳을 향하여 걷기 시작하였다.

달콤한 새벽 공기를 들이키며 하늘을 올려다보았다. 아름다운 별들 사이로 달빛만이 나의 앞길을 비추며 따라오고 있었다. 길 가장자리의 풀밭에는 풀벌레들이 고요한 밤의 적막을 깨고 향연이 막바지에 이른 듯 요란한 소리를 내며 고요한 새벽을 뒤흔들고 있었다.

교회로 들어서니 다섯 명쯤 되는 사람들이 조용히 엎드려 기도드리고 있는 모습이 보였다. 난생 처음으로 새벽기도에 나온 나는 뒷좌석에 조용히 앉아 앞을 바라보았다. 단상에 있는 십자가를 바라보며 하나님이 정말 이곳에 와 계실까 하는 생각을 해보았다. 엎드려 기도를 드리려고 고개를 숙이니 그저 눈물만 흐를 뿐 어떻게 기도해야 될지 막막한 심정이었다. 그러나 하나님은 이미 내 형편을 자세히 아실 것이라는 생각에 절박한 마음으로 하나님 앞에 떼를 쓰듯 무사히 비자를 받아 미국으로 가게 해주십사 하고 매달리며 기도하였다.

나는 그 당시에 성경도 제대로 읽은 적이 없었고 기도도 하나님의 뜻을 구하기보다는 내 의지대로 구하기에만 급급하였다.

하나님은 이런 나를 불쌍히 여기셔서 결국 내 기도를 들어주셨고 미국에 온 후에 얼마 동안은 하나님께 감사한 마음을 가지고 살았다. 하지만 그 후에 오랜 세월 동안 나는 하나님의 은혜를 잊고 살았었다.

천신만고 끝에 비자를 받았는데 비자만 받으면 모든 문제가 해결될 듯 하더니 비자를 받고 나니 미국에서 어떤 미래가 기다리고 있을까 하는 염려와 근심이 나를 불안하게 하기 시작하였다.

근본적인 문제가 해결되니 내 마음속에서 또 다른 욕심이 싹트고 있음을 알 수 있었다.

인간의 욕망은 집요하고 무모하도록 끝이 없는 것이어서 일단 원하는 것을 손에 잡는 순간 더 큰 욕망이 가슴 속에서 꿈틀거리며 자라고 있는 것을 느꼈다. 나는 그 원초적인 인간의 속성에 조금 부끄러운 생각이 들었다.

나는 한국에서부터 친하게 지내던 이해국 씨가 사는 아이오아 주로 가서 우선 그 집에서 같이 지내면서 직장을 알아보기로 이야기가 되어 있었다.

드디어 비행기가 시애틀공항에 도착하여 그토록 기대하던 미국 땅을 밟게 되었다.

나는 아무도 마중 나올 사람도 없는 그곳에 내려 아이오와로 가는 비행기를 바꿔 타기 위해 어느 방향으로 가야 할지 갈피를 못 잡고 두리번거리다 많은 사람이 가는 방향을 따라 모노레일을 타게 되었다. 모노레일에서 내리니 항공사 직원들이 쭉 카운터에 앉아 있는 입구 쪽으로 나와 버렸다.

비행기를 시애틀에서 두 번 바꿔 타야 목적지인 아이오와 주로 갈 수 있는데 어디서 갈아타야 할지 도무지 감을 잡을 수가 없었다. 미국을 오기 위해 오랫동안 영어회화 학원을 다녔는데도 누군가를 붙잡고 "비행기를 어디서 갈아타면 됩니까?"라고 물어보아야 하는데 선뜻 용기가 나지 않았다. 한참을 망설이고 서 있는데 마침 동양 사람 하나가 지나가는 게 보였다.

나는 그 사람을 쫓아가 간신히 용기를 내어 "한국인이세요?" 하고 물었다. 그 사람은 자기가 중국인이라고 하였다. 내가 비행기표를 보여 주며 내 딴에는 영어로 설명하느라고 했는데 잘 알아듣지 못하겠는지 나에게 자기를 따라오라는 손짓을 하였다.

그 사람을 따라가니 "이 여자가 영어를 전혀 못하니 도와주라."고 하면서 나를 스튜어디스에게 인계하고 가 버렸다.

나는 창피한 생각이 들어 스튜어디스에게 영어를 조금은 할 줄 안다고 말하고 싶었지만 용기가 나질 않아 포기해 버렸다.

그때부터 나는 어린아이와 같이 스튜어디스 손에 이끌려 비행기를 타고 내렸다. 비행기를 탈 때 제일 먼저 휠체어를 탄 노인들과 나를 먼저 태우고 난 후에야 다른 손님들을 태웠다. 참으로 한심한 생각이 들기도 하였지만 한편으론 편하기도 하였다.

비행기를 타고 시애틀에서 미니애폴리스에 도착하여 조금 지체한 뒤에 수시티 Souix City로 가는 비행기로 갈아탔다.

수시티로 가는 비행기는 오십 명쯤 타는 아주 작은 비행기였다. 나는 비행기를 갈아탈 때마다 식사시간을 놓쳐 거의 하루를 비행기에서 주는 땅콩과 콜라만 마셨더니 멀미가 나며 머리도 아프고 속이 울렁거려 견디기 힘들었다.

억지로 참고 견디는데 작은 소도시마다 비행기가 손님을 내리고 태우느라 속이 조금 가라앉을 만하면 비행기가 내려갔다 또다시 하늘로 오르기를 몇 번을 거듭하여 나는 거의 초죽음이 되었다.

조그만 비행기라 그런지 아주 낮게 떠서 하늘을 날았다.

아이오와는 농장이 많은 곳이었다. 그래서 큰 도시는 거의 보이지 않고 바둑판처럼 잘 정돈된 농장만 끝없이 펼쳐져 약간 실망스러웠으나 어쩔 도리가 없었다.

혹시 옥수수 밭에서 일하게 되는 것은 아닐까 하는 생각에 은근히 겁도 나고 쓴웃음이 나왔다.
아무튼 내가 평소에 그리던 미국에 대한 풍경은 아니었기 때문에 약간 맥이 빠지는 느낌이었다.

몸과 마음이 많이 지친 상태에서 수시티에 도착하였다. 비행기에서 내리니 허허벌판에 버스 정류장 같은 조그만 건물이 보였다. 비행장이 얼마나 작은지 내리자마자 건물 입구에 서 있는 이해국 씨 부부와 그 아들들인 광진, 광민이의 얼굴이 보였다. 나는 너무 반가워 가방을 내려놓고 그들을 향해 두 손을 흔들었다.
그들이 마중 나온 차를 타고 두서없이 이야기를 하며 차창 밖에 보이는 집들을 쳐다보았다. 집집마다 앞뜰 잔디밭에 닭이며 토끼, 다람쥐 등 온갖 조그만 조각품들을 세워 놓은 것이 매우 낯설고 이상하게 보였다.
나중에 알고 보니 미국 사람들은 앞마당에 석고로 만든 장식용 조각품을 세워 놓는 것을 좋아하는데 그곳은 시골이라 유난히 더 동물들을 많이 장식해 놓았던 것 같았다.
광진네 집에 도착하니 솜씨 좋은 광진 엄마가 한국 음식을 정성스럽게 차려 놓았다. 나는 너무 긴장하고 굶은 터라 식욕이 별로 없었다. 멀미 때문에 울렁거리던 속은 저녁 때가 되어서야 겨우 진정이 되었다.

저녁 때는 오랜만에 한국 음식을 먹고 우리는 그 동안 밀렸던 이야기들을 밤 늦도록 나누다가 자정이 훨씬 넘어서야 잠자리에 들었다.

며칠 만에 정말 편안하고 행복한 마음으로 잠이 들었다.

이해국 씨 부부와 두 아들이 사는 아파트는 가운데 잔디밭이 있어서 밖을 내다보면 어느 곳에서나 넓은 잔디밭이 보였다.

방 두 개와 거실 그리고 부엌이 딸린 조용한 아파트엔 부지런한 광진 엄마가 가꾼 화초들이 왁스를 입힌 모조품처럼 반짝거리며 거실 한구석을 꽉 메운 채 주인의 솜씨를 자랑하듯 뽐내고 있었다.

아침에 모두들 나가고 혼자 남으니 낯선 아파트 안에 갇혀 버린 느낌이 들었다.

그곳의 지리도 모르고 영어도 안 되니 아파트 밖을 나가서 할 수 있는 일이라고는 아무것도 없었다. 서울에서 바쁘게 살다가 갑자기 아무 하는 일 없이 하루를 지내려니 무언가 잃어버린 듯 허전하고 이상하기만 하였다. 그 동안 얼마나 다람쥐 쳇바퀴 돌 듯 틀에 박힌 일상을 보내 왔는지 이 한가로움이 낯설고 자연스럽지가 않았다.

나는 오랜만에 가지는 이 한가로움을 누리기 위해 온갖 잡념을 없애려고 노력해 보았다.

짐을 풀어 놓으며 그 동안 미국을 오기 위해 애태우던 일들을 생각해 보았다. 그 당시엔 그토록 시각을 다투던 일들이 지금은 그저 하찮은 일들로 여겨지는 걸 보면 결국 삶의 끝날까지 이런 일들의 반복이 아니겠는가 하는 생각이 들었다.

이해국 씨는 미국으로 이민 올 때 아이들은 한국에 두고 왔었는데, 아이들이 보고 싶은 것을 참고 하루빨리 데려다가 잘 키우겠다는 일념 하나로 오직 일만 하며 열심히 돈을 벌었다고 하였다. 그리고 아이들이 보고 싶어 많이 울었다는 이야기도 해주었다. 지금은 어려운 시간을 참고 견딘 결과 돈도 많이 벌고 아이들도 데려와 잘 살고 있었다.

아침이 되어 부부는 일하러 가고 두 아이가 학교를 가고 나면 텅 빈 아파트 앞 잔디밭에 나가 앉아 책을 읽기도 하고 어떤 때는 눈부신 햇살을 받으며 정말 오랜만에 가져 보는 한가함과 평화로움에 취해 잔디밭에 누워 하늘과 구름만을 쳐다보며 한나절을 보내기도 하였다.

하루는 아파트에서 조금 떨어진 곳까지 한참을 걸었다. 걷다 보니 이름 모를 꽃들이 만발한 넓은 들판이 나왔다.

들길을 따라 또 한참을 걷다 보니 시간이 꽤 되었는지 노을이 지기 시작하였다. 노랗고 조금 옅은 주황색을 띠던 노을이 어느새 자신의 온몸을 불태우듯 온 천지를 붉게 물들이기 시작하였다.

신비스럽도록 아름다운 노을 속으로 빨려 들어가는 듯한 착각을 느끼며 서 있노라니, 바람 소리만 외롭게 들릴 뿐 광활한 지구에 홀로 서 있는 듯한 적막감이 내 주위를 감쌌다.

불현듯 한국의 가족들과 친구들의 얼굴이 차례로 눈앞에 떠오르며 "나는 왜 사랑하는 사람들 곁을 떠나 이곳에 이렇게 홀로 서 있는가!" 하는 생각이 들며 솟구치는 그리움이 내 외로운 가슴을 가득 물들이기 시작하였다.

형용할 수 없는 슬픔이 내 가슴속으로 밀려 들어오며 눈에 고인 눈물이 어느새 노을에 붉게 붉게 물들어 가고 있었다.

나는 이해국 씨 부부가 다니는 공장에 취직할 계획이었는데, 내가 미국으로 들어온 1980년에는 불경기로 인해 이곳의 많은 사람도 직장을 구하기가 힘든 상태였다. 그런 상황에서 내가 미국 직장에 취직한다는 것은 결코 쉬운 일이 아니었다. 여러 모로 나를 위하여 애를 써 주었지만 취직이 될 기미는 보이지 않았다. 나는 조금씩 초조한 마음도 생기고 계속 있기도 미안해서 거의 두 달 가량을 그곳에서 지내다가 한국 신문에 난 광고를 통해 한국 사람 집에 일자리를 얻어 오하이오 주로 옮겨 오게 되었다.

집주인은 가게를 여러 군데 가지고 있어서 아침부터 저녁까지 무척 바쁜 사람들이었다. 나는 주로 두 아이를 맡아 보는 일을 하였다. 아침 일찍 부부가 출근하면 유치원과 초등학교 1학년인 두 아이를 깨워 아침식사를 챙겨 주고 학교 가는 버스를 집 앞에서 태워 주고, 학교에서 돌아오면 숙제도 봐 주고 간식도 챙겨 주었다. 나는 한국에서 거의 요리를 해본 적이 없어 어떤 때는 저녁을 준비해 놓고 싶어도 할 수가 없어 안타까웠다.

　여러 가지로 그곳이 오래 있을 곳은 아니어서 계속 한국 신문에 나는 광고를 보고 일자리를 찾아보았다. 신문을 보니 뉴욕에는 일자리가 무척 많았으며 할 수 있는 일도 다양한 것 같았다. 나는 오하이오에서 우연히 영미라는 친구를 사귀게 되었다. 영미도 뉴욕에 가서 일을 해보고 싶다고 해서 추수감사절이 지나면 뉴욕으로 둘이 같이 가기로 되어 있었다.

　뉴욕에 가면 서울에서처럼 운전하지 않고도 버스나 전철을 타고 다닐 수 있다고 생각하니 저절로 숨통이 트이는 것 같았다.

　하루속히 뉴욕으로 갈 날이 오기만을 기다리며 철저한 계획을 세워 놓았지만 영미는 사정이 생겨 그곳에 더 머무르게 되었고 그 계획은 실현되지 않았다.

　그것은 그저 인간의 계획에 불과할 뿐이었다.

행복이 시작되다

하나님이 짝지어 주신 것을 마 19:6.

　추수감사절을 앞둔 어느 날 내가 머물고 있던 집주인의 시부모님이 갑작스럽게 돌아가셨다. 다른 주에 사는 시부모님의 장례를 치르기 위해 그들은 3일 예정으로 갔다 오겠다며 나를 집에다 홀로 남겨 놓은 채 아이들을 데리고 떠나 버렸다. 텅 빈 집에 혼자 남아 첫날은 청소도 하고 책도 읽으면서 지냈으나 이틀째 되는 날은 새장에 갇힌 새처럼 밖으로 나가서 날아 보고 싶은 열망에 시달리며 창문 옆에 기대 서서 바깥만 바라보며 반나절을 서성거렸다.

　생각다 못해 영미에게 전화를 걸어 바람도 쐴 겸 백화점에 가보고 싶다는 말을 했는데, 영미가 오늘은 자신이 쉬는 날이라 그곳에 데려다 줄 시간이 있다고 하면서 흔쾌히 내 부탁을 들어주었다.

영미는 나를 태우고 백화점으로 가서 들어가는 입구에 차를 세우고 내리라고 하더니 몇 시간 후에 데리러 오겠노라고 하였다. 그러고 나서 나를 급히 그곳에 내려놓고 가 버렸다.

명절을 앞둔 백화점 안은 쇼핑 나온 사람들로 붐비며 생기가 넘쳐 흐르고 있었다. 이곳저곳을 기웃거리다 혹시 영미가 와서 나를 기다리고 있을지도 모른다는 생각에 일찌감치 만나기로 한 장소인 백화점 입구 쪽의 벤치에 앉아 오고 가는 사람들을 쳐다보며 한참을 그곳에 있었다.

그때 어떤 낯선 미국 남자가 나에게 일본말로 말을 걸어왔다. 나는 직감적으로 이 사람이 나를 일본 사람으로 생각하고 있다는 것을 알았다. 나는 한국 사람이라고 대답하며 관심 없다는 표시로 고개를 돌려 버렸다.

그는 미안하다고 사과하며 자기가 일본에서 지낸 적이 있기 때문에 일본말을 조금 할 줄 안다고 설명하였다. 그리고 자기가 백화점에 들어올 때도 이곳에 앉아 있었고 지금 돌아가는 길인데도 계속 이곳에 앉아 있기에 혹시 도움이 필요한가 해서 물어보는 것이라고 하였다.

나도 무료하던 터라 서툰 영어로 그의 말에 대답하며 의사소통이 힘들었지만 서로 신상에 관해 물어보기도 하였다. 서툴지만 대화를 통해 그의 이름이 존John이라는 것과 그는 펜실베이니아 주에 살고 있으며, 추수감사절 휴가차 부모님이 계신 오하이오 주로 다니러 왔다는 것 등을 알게 되었다.

나는 뉴욕에 있는 한국 사람이 경영하는 도매상에 며칠 후에 가기로 되어 있다는 이야기를 그에게 하며 비행기로 가게 될 것이라는 말을 하였다.

존은 자기가 사는 곳이 뉴욕에서 가깝다고 하면서 비행기표를 보내 줄 터이니 자기가 사는 곳 근처에서 관광을 하고 나서 버스를 타고 뉴욕으로 가든지 아니면 근처 구경을 시켜 준 다음에 자기 차로 뉴욕까지 데려다 줄 수도 있다고 하였다.

존이 내 전화번호를 적어 주면 연락을 하겠노라고 해서 건성으로 그러라고 하면서 전화번호를 적어 주었는데, 며칠 후 정말 비행기표를 보내 왔다. 이렇게 우리의 만남은 시작되었다. 나는 왠지 존이 진실하고 좋은 사람인 것 같다는 생각이 들었다.

영어도 서툴고 운전도 할 줄 모르니 나는 마치 어린아이가 된 느낌이었다. 존은 그런 나에게 헌신적인 사랑을 퍼붓기 시작하였다. 인내심을 가지고 내가 원하는 것이면 무엇이든지 해주려고 최선의 노력을 다하였다.

그러나 마음속에 있는 말들이 완전히 소통되지도 않고 언어 때문에 또 집 생각 때문에 힘이 들 때면 고향 생각이 더욱더 나곤 하였다. 어떤 날에는 이유 없이 눈물이 흐르기도 하였는데, 그때마다 안타깝고 난감한 표정으로 나를 쳐다보는 존의 선한 눈빛이 내 마음에 조금씩 와 닿기 시작하였다.

나도 외롭고 여러 가지로 지쳐 있던 때라 그의 진실함과 친절함은 큰 위로가 되었다. 그리고 언제부터인지 그에게 많이 의지하며 기대고 있는 나 자신을 발견하게 되었다. 존은 오히려 많이 외로웠는데 나를 도와주는 일로 자신에게 할 일이 생긴 것 같아 너무 즐겁고 고맙다고 나에게 말해 주었다.

그로부터 얼마 후에 내 친구의 동생인 순명이가 유학 오는 남편을 따라 필라델피아에 와 있다고 하며 연락이 왔다. 소년과 같이 맑고 성품이 순수한 순명이의 남편 한광용 씨와 존은 그때부터 좋은 친구가 되어 지금까지 지내고 있다. 나는 순명이의 인도로 순명이가 다니는 영생교회에 등록을 하고 지금까지 다니고 있다.

나는 순명이의 언니가 한국에서 전도하여 중학교 때 처음으로 교회를 나가게 되었고, 미국에 와서는 순명이의 인도로 교회를 다니게 된 것을 가끔 생각해 본다. 이것은 결코 우연이 아니요 하나님의 계획 속에 이루어진 것이며, 나를 한순간도 버려 두지 않으시고 간섭하시는 주님의 사랑을 뼈저리게 느끼게 되었다. 지금도 그 생각만 하면 뜨거운 눈물이 내 가슴을 적시곤 한다.

만난 지 9개월 되던 여름에 존의 부모님이 계시는 오하이오 주로 내려가 결혼식을 올렸다. 시어머님인 로즈 스프라우스Rose Sprouse는 맨 처음에는 말도 잘 안 통하는 동양 여자인 나를 별로 달갑게 여기지 않는 눈치더니 몇 번 만나고 나서는 나에게 친절히 대해 주시며 많이 사랑해 주셨다.

우리 결혼식 때는 필요한 모든 것을 거의 혼자 맡아서 다 해주셨고 머리에 쓰는 면사포는 손수 만들어 주시기까지 하였다.

결혼식은 독립기념일 전날인 7월 3일에 골프장 안의 클럽 하우스에서 시어머님과 안면이 있는 목사님이 와서 주례를 서 주셨다.

야외에서 결혼식을 하려고 꽃으로 장식된 아치까지 만들었는데 비가 내리는 바람에 실내에서 할 수밖에 없었다.

피로연에는 친구가 한국에서 보내 준 한복을 입었다. 모두들 아름답다고 사진들을 찍어 대는 바람에 나는 한참 동안 모델로 서 있어야 하는 우스운 일도 있었다.

존은 노총각으로 37살이었고 내 나이는 28세인 때에 우리는 성경 말씀대로 "이제 둘이 아니요 한 몸이니 그러므로 하나님이 짝지어 주신 것을 사람이 나누지 못할지니라"는 말에 아멘으로 대답하며 부부가 되었다.

나는 결혼 2년째 되는 해인 1983년 7월 30일 존 제임스John James를 낳았다. 우리는 그 애의 이름 첫 자만 따서 J.J.라는 애칭으로 불렀다.

하나의 생명을 잉태하고 그 애의 움직임을 내 몸 안에서 느낄 수 있었던 그 신비한 체험은 하나님의 위대하심을 다시 한번 생각해 보는 계기가 되었다.

우리는 다른 부부와 마찬가지로 한 달에 한 번씩 병원에서 마련한 프로그램에 참석하여 분만에 필요한 호흡 등을 배우고 남편이 어떻게 임산부를 도와야 하는지, 아기가 태어나기 전에 어떤 준비들을 해야 하는지 등을 배웠다.

해산할 날짜가 가까워지자 병원에서 입을 가운이며 슬리퍼 등 그곳에서 필요한 물건들을 가방에 꾸려 놓고 조금은 긴장된 하루하루를 보냈다.

7월 30일 아침 나절에 진통이 시작되어 웨스트체스터 병원으로 향했다. 진통을 오랫동안 겪으면서 의사가 수술을 권하였지만 내 소원대로 자연분만을 통하여 귀한 아들을 얻었다. 아기를 낳고는 지쳐 잠이 들었는데 깨어나자마자 늦게 자식을 얻은 존은 너무 흥분이 되어 있었다. 지쳐 있는 나에게 J. J.가 어떻게 생겼으며 얼마나 예쁜지를 나에게 쉴 사이 없이 이야기하였다.

존은 내가 잠든 사이 아기가 있는 방 앞에서 앞으로 자신이 해주고 싶은 일들과 같이하고 싶은 일들을 이야기해 주었다고 하면서 아버지가 된 것에 너무 감격하여서 눈물을 글썽거렸다.

얼마쯤 지났을까 간호사가 J. J.를 데리고 내가 있는 방으로 들어와서 모유를 먹여 보라고 아기를 내 옆에다 뉘어 놓았다. 나는 몸을 조금 일으켜 J. J.를 들여다보았다. 오뚝한 콧날은 존을 닮은 것 같았고 크고 길쭉한 눈은 나를 닮은 것 같았다. J. J.가 하품을 하며 나를 쳐다보았다.

그 순간 나는 온몸에 전율을 느끼며 이 세상에 태어나 가장 감동적이고 신비한 마음으로 그 작지만 완벽하게 사람의 모습을 갖춘 아름답고 사랑스러운 한 인간을 만났다.

나는 이미 어미로서의 본능적인 사랑이 마음속을 꽉 채우고 있는 것을 느꼈다. 나의 분신이기도 한 이 소중한 생명은 나에게 어머니라는 이름을 부여하며 너무도 친숙하게 다가왔다.

J. J.는 조그만 입을 벌려 하품을 하기도 하고 앙증맞은 손과 발을 꼼지락대기도 하면서 쉴 사이 없이 움직여 우리는 너무도 신기하고 사랑스러운 그 모습에 빠져 잠시도 그 애에게서 눈을 뗄 수가 없었다.

그 애의 작은 손과 발을 만지며 나는 창조주의 세밀하고 놀라운 능력에 감탄하지 않을 수 없었다. 실로 하나님은 놀라운 창조를 하시는 분이었다. 생명은 너무도 아름답고 고귀한 것임을 다시 한번 깨닫는 순간이기도 하였다. 나는 하나님께 건강한 아기를 주심과 어머니가 되게 하여 주심을 감사하였다.

병원에 있는 동안 신기한 것은 나는 아파서 제대로 몸도 가누지 못하는데, 미국 여자들은 이곳저곳을 돌아다니기도 하고 앉아서 화장을 하는 등 너무도 태연하고 아무렇지도 않은 모습을 보여서 나를 놀라게 만들었다.

　이틀을 병원에 있다가 3일째 되는 날 집으로 돌아오니 존이 우리를 위해 집안을 깨끗이 청소해 놓았다.

　특히 목욕탕은 J. J.에게 목욕을 시키게 될지도 몰라 몇 시간 동안 청소를 하였다는데 얼마나 닦았는지 반짝반짝 광이 날 정도였다. 그러나 J. J.는 몇 개월 동안 욕조에서 목욕하는 대신 싱크대에서 목욕을 하였다. 욕조, 목욕대야 등에서 목욕을 시켜 보았지만 우리 둘이 양쪽에서 붙들고 싱크대에서 씻기는 것이 제일 편하였기 때문이었다.

　몇 시간을 빼 놓고는 하루 종일 잠만 자는 J. J.의 눈뜬 모습을 보고 싶어 우리는 일부러 귀찮게 해서 그 애를 깨워 보려고 노력하였지만 얼굴을 조금 찡그릴 뿐 쿨쿨 하루 종일 잠만 잤다. 39살에 아빠가 된 존은 잠을 자다가도 벌떡 일어나 J. J.가 잘 자고 있는지 침대를 들여다보곤 하였다.

　하나님이 주신 이 보물 같은 귀한 생명을 지키기 위해 우리도 다른 부모와 마찬가지로 최선을 다하였다. J. J.는 편안한 성격을 타고나서 그런지 별로 우는 일도 없이 하루 종일 잘 놀았다. J. J.를 침대에 뉘어 놓고 내가 아래층에 있을 때는 항상 옆에 인터폰이 있어서 쌔근쌔근 숨쉬는 소리, 가끔 울 것같이 옹알대다가 다시 잠들은 듯 조용해지며 들려오는 평온한 숨소리를 듣고 지내는 것이 하루 일과 중의 하나였다. 작은 생명이 내는 그 경이롭고 아름다운 소리들이 내 가슴에 잔잔한 감동과 행복을 안겨다 주었다.

J. J.가 맞이하는 첫 번째 크리스마스가 다가오는 어느 차가운 겨울밤, 창밖에서 부는 바람소리가 유난히 큰소리로 윙윙거리며 마르고 앙상한 나뭇가지를 마구 흔들며 슬픈 소리를 내고 있었다.

흔들의자에서 J. J.를 잠재우기 위해 앉아 있던 나에게 문득 아득한 어린 시절의 기억이 가슴 저리도록 아프고 그립게 떠올랐다.

추운 겨울 밤 누워서 잠을 청하고 있노라면 "찹쌀떡 사려! 찹쌀떡!" 하며 우리집 가까운 골목길에서 시작하여 점점 멀어져 가던 어린 찹쌀떡 장사의 구슬픈 목소리가 문득 생각나며 환청처럼 바람소리에 섞여 아득히 들려오는 듯하였다.

어머니가 어느 날 밤 그 소년을 불러 찹쌀떡을 샀었는데 문 틈새로 보이던 꽁꽁 얼은 소년의 모습이 얼마나 추워 보였는지 모른다. 나는 따뜻한 이불 속에서 찹쌀떡을 먹으면서 죄스러운 마음에 눈물을 흘렸던 기억이 난다. 그날 밤도 오늘밤처럼 유난히 달빛이 춥고 창백해 보였다.

크리스마스이브! J. J.가 이 세상에서 첫 번째 맞이하는 크리스마스! 우리 세 식구는 크리스마스캐롤을 들으며 난롯가에 앉아 있었다. 우리 세 식구의 모습은 내 꿈 중의 하나였던 단란한 가정 바로 그 모습이었다. 인류를 구원하기 위해 주님이 태어나신 날! 주님의 축복으로 이 가정을 주신 것인데 하는 생각을 하니 감사한 마음으로 가슴이 뿌듯해 왔다.

나는 그 순간 항상 더 많은 것을 바라며 헛된 욕심을 부리는 나 자신의 모습을 생각하며 많은 부끄러움과 반성을 하게 되었다. 행복은 이 작은 기쁨을 감사하게 받아들일 수 있는 내 마음속에 이미 자리 잡고 있다고 생각하니 온 세상을 껴안을 것 같은 여유가 생기며 기쁨이 샘솟는 것을 느낄 수 있었다. 나는 마음속으로 "주님, 오늘밤만은 외롭고 힘든 사람들에게 평온하고 행복한 밤을 허락하시옵소서!"라고 기도드렸다.

존이 J. J.를 안고서 라디오에서 흘러나오는 "고요한 밤"을 따라 부르고 있었다. 나는 홍시같이 빨갛게 달아오른 J. J.의 뺨에다 쪽 소리가 나도록 뽀뽀를 해주었다.

J. J.는 걷기 시작하면서 말도 제법 잘 했는데 한국말로 엄마를 가르쳐 주었는데도 어느 사이엔가 보면 영어로 엄마라고 부르곤 하였다. 나는 끈기가 없는 편이라 한국말을 꾸준히 가르치지 못하고 도중에 포기해 버리고 말았는데 나중에 많이 후회하였다.

우리는 지능 개발을 돕는다고 여러 종류의 장난감들을 사 주었는데 J. J.는 그런 장난감들에는 관심조차 없어 결국은 J. J.의 관심을 끌기 위해 존이 가지고 놀곤 하였다. 아빠와 잘 놀다가도 항상 엄마를 찾는 J. J.를 보면서 엄마라는 존재는 어린 J. J.에게 모든 것을 채워 줄 수 있는 행복의 근원이며, 모든 불안감을 없애 주는 절대적인 믿음의 대상인 것을 느낄 수 있었다.

가끔은 내가 왜 그 당시 J. J.가 엄마를 믿고 따르듯, 나도 하나님께 모든 것을 맡기고 따르지 못했을까 하는 아쉬움이 있다. 아마 내가 그때에 이 순리를 깨닫고 하나님께 전적으로 의지하여 살았더라면 좀더 순탄하고 행복한 인생을 살아오지 않았을까 하는 부질없는 생각이 들기도 하였다.

한번은 J. J.가 감기에 심하게 걸려 밤새도록 열이 오르고 기침을 하며 잠을 못 이룬 적이 있었는데, 그 모습이 너무 딱하고 마음이 아파 나도 어쩔 줄을 모르며 밤새도록 아이를 안고 방안을 서성거린 적이 있었다. 해열제를 먹였는데도 열이 내려가지 않기 때문에 안타까운 엄마는 그저 "내가 대신 아플 수만 있다면" 하는 마음으로 타 들어갈 뿐이었다.

부모의 마음은 다 이런 것인데, 그제서야 나를 길러 주신 부모의 마음을 조금은 헤아릴 수 있을 것 같았다. 자식을 낳아 봐야 부모의 마음을 안다는 옛 어른들의 말씀이 떠올랐다.

그 애를 안고 길고 긴 밤을 지새우면서 나는 다섯 명이나 되는 자식들을 키우느라 이렇듯 여러 번 마음 아픈 밤을 뜬눈으로 지새웠을 한국에 계시는 나의 어머니를 생각하며 눈물로 밤을 보냈다.

▶ j. j. 초등학교 때 집 안에 장식해 놓은 크리스마스트리 앞에서

J. J.가 유일하게 잘하던 한국말은 설날 아침에 세배를 하면서 하던 "새해 복 많이 받으세요."였다. J. J.의 친구들은 거의 미국 아이들이었는데 세배가 무엇인지는 잘 모르지만 1월 1일이면 많은 용돈이 생기는 J. J.를 몹시도 부러워하였다. 운동을 좋아하던 그 애는 유난히 친구가 많았고 하나님의 은총으로 모든 것을 긍정적으로 생각하며 누구에게나 친절한 성격을 타고나서 세상을 밝게 살아가는 편이었다.

J. J.는 한국교회를 나와 함께 다니다 초등학교 3학년 때쯤 아빠가 다니는 미국교회에 같이 다니기 시작하였다. 존이 다니고 있는 교회는 감리교회로 작아서 그런지 매우 가족적인 분위기였다. 특히 인상

적이었던 것은 목사님이 예배 도중 기도할 제목을 나누자고 말하면 여러 사람들이 손을 들고 일어나서 일주일 동안 일어났던 기쁜 일이며 슬픈 일 등을 나누고 이웃에 있는 병환중인 사람들을 위하여 기도하는 시간을 가진다는 것이었다.

몇 명 안 되는 찬양대원들의 아름다운 찬양과 친절한 교인들의 인사를 받으며 교회를 나서노라면 하나님이 기꺼이 이 예배를 흠향하여 주셨을 것이며 기뻐 받으셨을 것이라는 생각이 들곤 하였다.

J. J.는 13살 때 그곳에서 세례를 받았다. 하지만 나는 그 애가 유아세례를 받았던 영생교회에서 세례를 받게 하고 싶어 교회에 사정을 설명하니 입교세례를 영생교회에서 다시 받아도 좋다는 허락을 해 주셨다. 그래서 16살이 되던 해에 J. J.는 영생장로교회에서 입교세례를 받게 되었다.

나는 그날 천국의 생명책에 우리 세 식구의 이름을 올려 주신 하나님의 은혜에 감격하여 "주님, J. J.는 주님의 자식입니다. 그러하오니 주님 뜻대로 그 애의 앞길을 인도해 주세요."라고 고백하였다. 주님께 온전히 나의 아들을 맡겼다고 생각하였는데, 그것은 사실이 아니었으며 그 애를 오직 나의 자식으로 얼마나 질기고 끈끈한 줄을 붙들고 있었는지 나중에서야 깨닫게 되었다.

J. J.는 영화를 만드는 것이 한때 꿈이기도 했었다. 캘리포니아에 있는 대학은 너무 멀어서 본인도 가기를 꺼리고 나도 그 애가 너무

▶ j.j. 고등학교 때 크리스마스트리 앞에서 찍은 가족 사진

멀리 가는 것은 싫고 해서 집에서 3시간 반 정도 떨어진 펜 스테이트 Penn State 대학에 가기로 결정을 보았다.

대학으로 떠나기 전 나는 장성철 목사님에게 오셔서 J. J.를 위해 예배를 드려 달라고 부탁하였다. 바쁘신 중에도 목사님이 오셔서 예배를 인도해 주셨고 짐Jim과 아일린Eileen도 예배에 참석해 주었다.

목사님은 예배기 끝난 후 J. J.에게 좋은 말씀을 많이 해주셨는데 특히 자신의 대학생활을 예로 들면서 대학에 가서 바르게 신앙생활을 하기가 얼마나 힘든지 말해 주셨다. 그리고 특별히 J. J.가 대학에 가서 신앙생활을 잘하게 하여 달라고 간절히 기도해 주셨다. 감사와 찬송으로 드린 이 예배는 우리 모두에게 은혜의 시간이 되었다.

▶ j.j. 고등학교 졸업 사진

　대학교에 가면 신앙생활이 아무래도 게을러질 것 같아 나는 그 애가 집에 다니러 왔다가 갈 때마다 시간 나는 대로 성경 읽을 것과 꾸준한 기도생활할 것을 다짐받곤 하였다.
　J. J.는 그럴 때마다 자신의 구세주이신 주님을 많이 사랑하고 있으며 기도생활도 열심히 하고 있으니 염려하지 말라고 나에게 말해 주었다. 나는 아들에게서 그 고백을 듣는 것이 이 세상의 어떤 말을 듣는 것보다 행복하고 감격스러웠다.
　우리는 한해도 거르지 않고 여름이면 꼭 J. J.와 함께 여행을 다녔는데 대학에 들어가고 나서도 이탈리아와 멕시코를 함께 갔었다. 이 세상에서 그 애와 함께 여행한 시간들은 하나님이 우리에게 내려 주신 크나큰 축복이라는 생각이 든다.
　그 애는 특히 크루즈 여행을 좋아했는데 바하마는 대학교 봄방학 때 두 번을 더 갔었다. 여름방학 때 집에 오면 나와 많은 시간을 보내 주었다. 밤이 되면 그 애와 나는 소파에 앉아 신앙 이야기, 친구 이야기, 세상 이야기 등을 나누며 시간 가는 줄 몰랐다. 어떤 때는 새벽까지 이야기를 나누며 밤을 지새운 적도 있었다.

　아름다운 여름 밤은 항상 짧고 많은 아쉬움을 남겼다…….

먹구름

나를 멀리하지 마옵소서
환난이 가깝고 도울 자 없나이다 시 22:11.

2003년 12월 9일

저녁 9시쯤 룸메이트 중의 하나인 톰Tom에게서 전화가 걸려 왔다.

J. J.가 오후 4시쯤 집에 다녀오겠다고 떠났는데 잘 도착하였는지 안부를 묻는 전화였다. 나중에 안 일이었지만 존이 낮에 J. J.와 통화를 했는데, 요즈음 부쩍 집 생각이 난다며 잠깐이라도 다녀가고 싶다는 말을 하였다고 했다. 그래서 존은 아무런 생각 없이 오늘이라도 잠깐 집에 다녀가라는 말을 하였다고 했다. 그렇지만 설마 다니러 올 줄은 몰랐다는 표정이었다. 그 애의 핸드폰으로 전화를 했지만 받지 않았다.

순간 등골이 오싹하면서 머릿속을 빠르게 스치고 지나가던 불길한 예감! 나는 생전 처음으로 말로도 잘 설명이 안 되는 그런 예감이라는 것을 느껴 보았다.

그 불길한 예감은 너무도 섬뜩하고 강해서 가슴이 얼어붙은 듯 온몸에 소름이 돋기까지 하였다. 한없이 불안해지며 무언가 안 좋은 일이 일어날 것만 같은 느낌이 헤집고 들어와 나의 마음속을 어지럽히기 시작하였다. 문득 어제 하루 종일 마음이 불안하고 떨리며 J. J.가 자꾸 머리에 떠올랐던 이상한 일도 생각났다. 그 불안하고 안 좋은 느낌을 떨쳐 버리느라 안간힘을 썼던 어제, 하나님은 오늘 일을 예고하시며 나의 심장을 미리 조금씩 강해지도록 단련시키신 것 같았다.

어떻게 해야 할지 몰라 가슴만 조이고 있는데 한 30분쯤 지나서 보험회사에서 전화가 걸려 왔다. J. J.가 교통사고가 나서 병원에 있다는 것이었다. 그 순간 나는 공포에 질린 눈으로 전화를 받고 있는 존을 쳐다보았다.

존이 수화기를 내려놓으며 "병원으로 떠날 준비를 하라."고 떨리는 목소리로 말했다. 나는 너무 충격이 커서 숨이 멈출 것 같은 느낌이었다. 나는 그대로 소파에 주저앉아 가슴을 끌어안았다. 가슴이 너무 뛰고 통증이 느껴져 가슴을 누르지 않고는 앉아 있기도 힘이 들었기 때문이었다.

그러나 나를 걱정하고 있을 때가 아니었다. 아무것도 알 수 없는 상황이지만 뭔가 어려운 일이 닥쳐오고 있는 것만은 부인할 수가 없는 현실이었다.

밤이 늦었으니 이곳에서 두 시간 이상 운전해서 병원으로 가게 되면 오늘밤은 그곳에 머물러야 할 것 같은 생각이 들었다. 한시라도 빨리 그곳으로 가야 한다는 생각에 미친 듯이 짐을 꾸려 가지고 차에 올라탔다.

J. J.가 있다는 메릴랜드 주의 한 병원으로 가는 도중 핸드폰으로 연락이 왔다. 지금 있는 병원에서 급한 대로 응급처치를 끝내고 좀더 큰 병원인 볼티모어에 있는 메릴랜드 대학교University of Maryland로 옮길 예정이니 그리로 직접 오라는 이야기였다. 지금 있는 곳에서 헬리콥터로 병원까지 오는데 한 시간쯤 걸릴 거라는 이야기도 해주었다.

우리는 가던 방향을 바꾸어서 메릴랜드 대학교가 있는 볼티모어로 향했다. 우리의 마음속과도 같은 칠흑같이 어두운 밤길을 달리며 한 치의 앞도 알 수 없는 나약하고 초라한 인간 본연의 나약한 자세로 돌아와 말없이 떨고 있을 뿐이었다.

"도대체 어디를 얼마나 다친 것일까?" 마음속에서 쉬지 않고 일어나는 이 의문은 온갖 불길한 상상들을 동반한 채 미래에 대한 공포심으로 나를 질식할 듯 조여 오기 시작하였다.

나는 살아오면서 처음으로 처한 이 절박한 순간에 전능자이신 하나님과 한 치의 앞도 알 수 없는 인간의 한계를 몸으로 통감할 수밖에 없었다.

"하나님! 우리 J.J.의 다친 부위를 주님의 손길로 어루만져 주세요. 당신의 은혜와 인도 없이는 우리는 한 발자국도 앞으로 나아갈 수가 없습니다."

기도를 하면서도 마음이 계속 불안하여 나중에는 주여! 주여! 하는 소리만 탄식처럼 흘러나왔다.

병원으로 가면서 나는 그 애와 같은 아파트에서 지내고 있는 톰에게 전화를 걸었다. J.J.의 상황을 간단히 알려 주기 위해서였다. J.J.는 친구 두 명과 함께 학교 근처의 아파트에서 살았는데, J.J.가 사는 아파트에서 캠퍼스 사이를 왔다 갔다 하는 셔틀버스가 있기는 하였으나 차를 쓸 일이 가끔 있다는 말을 듣고 그 애에게 차를 가지고 가서 편히 지내라고 권했었다. 우리는 J.J.와 일주일에 두세 번 정도 통화를 하면서 특히 톰과 친하게 지낸다는 사실도 알고 있었다.

나는 톰에게 J.J.가 집으로 오는 도중 교통사고가 났으며 우리도 사고에 대해 별로 아는 것이 없는 채로 병원을 향하여 가고 있는 중이니 도착해서 상황을 아는 대로 곧바로 연락해 주겠다고 말하였다. 톰은 J.J.와 우리를 위하여 기도하겠다고 하며 밤길 조심하라는 말과 함께 "God bless You!"라고 울먹이며 말했다. 가슴이 뭉클하며 그 말이 마음으로 다가왔다.

병원으로 가는 도중 J.J. 친구들이 계속 전화를 걸어왔다. 사고 소식을 들은 몇 명의 친구들이 당장 병원으로 달려오겠다며 야단들이었다. 그 막무가내인 아이들을 설득시키며 나는 병원 이름을 가르쳐 주지 않았다. "이 밤에 너희들이 운전해서 이곳으로 오면 우리는 J. J. 걱정과 함께 너희들 걱정도 해야 되니 제발 우리가 연락할 때까지 기다려 달라."고 그들을 달래며 대신 병원에서 상황을 아는 대로 곧바로 연락해 주겠다는 약속을 하고서야 겨우 그 아이들을 진정시킬 수 있었다.

밤 12시 30분쯤 병원에 도착하였다. 안내원에게 우리의 이름을 말하니 트라우마 센터Trauma Center로 가라고 하였다. 병원 안의 긴 통로를 지나 트라우마 센터라는 낯선 곳으로 들어서니 유난히 불빛이 어두운 그곳에 많은 사람이 앉아 있었다.

그곳에 있는 직원이 우리의 이름과 J. J.의 의료보험에 관한 질문을 해서 묻는 대로 계속 대답을 해주었다. 대답하면서도 한편으로는 조바심이 나고 머릿속은 계속 딴생각을 하느라 이성을 잃을 지경이었다.

아래층 대기실에는 우리 둘 말고도 다른 가족도 여러 명 있었는데, 모두들 지치고 침통한 모습으로 소파에 비스듬히 누웠거나 말없이 허공을 응시하고 있었다.

이곳은 내가 이제껏 속해서 살던 밝고 아름다운 세상이 아닌 암울하고 어두운 낯선 세상이었다. 나는 왜 갑자기 이 낯설기만 한 세상에 던져진 것인지 꿈을 꾸는 듯 현실을 믿기가 어려웠다. "하나님은 나를 미국까지 오게 도와주시고 결국 내 인생을 이렇게 불행으로 끝나게 하시려는가? 나에게 지금 왜 이런 형벌을 주시는가? 혹 잠을 자고 일어나면 기적이 일어나 있지는 않을까?" 나에게 꼬리를 물고 일어나는 이 많은 의문은 아무런 해답이 없는 벽에 부딪혀서 더욱더 불안한 마음만을 불러일으키며 그칠 줄 몰랐다.

순항을 하며 고요한 바다 위를 항해하던 내 인생이 거센 풍랑을 만나 방향을 잃고 표류하기 시작하였다. 풍랑을 잠재운다는 것은 이미 내 능력 밖의 일이었으며, 풍랑을 잠재우실 이는 오직 한 분 우리의 생명을 쥐고 계시는 하나님밖에 없다는 것을 절감하며 그분이 우리의 앞길을 인도해 주시기만을 간구하였다.

아무것도 할 수 없는 상태에서 기도하고 또 기도하는 것만이 연약한 존재인 우리가 할 수 있는 최선의 방법이었다.

한 10분쯤 앉았다가 조바심이 나서 안내원이 있는 곳으로 다시 다가가서 J. J.가 탄 헬리콥터가 도착했느냐고 물으니 아직 도착하지 않았다고 하였다. 도착하는 대로 곧바로 연락하겠으니 우리에게 그때까지 소파에 앉아 기다리라고 냉정하게 말하였다. 우리도 별 도리가 없어 다른 사람들과 함께 소파에 말없이 앉아 있었다.

갑자기 시간이 멈춰 버린 듯, 시계만 바라보고 있으니 분침이 멈춘

듯 1분이 길게만 느껴지며 침묵 속에서 만 가지 생각이 머릿속에서 교차하며 지나갔다.

그리고 얼마나 시간이 흘렀는지 안내원이 우리가 있는 쪽으로 걸어왔다. 그녀의 말이 J. J.가 탄 헬리콥터가 방금 도착했으나 우선 응급조치부터 하고 의사들이 모든 준비를 끝낸 후에 우리를 부를 것이라면서 그때 자기가 다시 와서 J. J. 있는 곳으로 안내할 것이니 조금만 더 기다려 달라고 말하였다.

혹시 그 애가 어떤 상태인지 아느냐고 물으니 자기는 아는 바가 없다고 또 한번 냉정하게 잘라 말했다.

우리는 아들이 어떤 상태인지, 어디를 얼마나 다친 건지 아무것도 알 수 없는 상황에서 속수무책으로 그곳에 앉아 있을 수밖에 별 도리가 없었다.

많이 다친 것 같다는 생각은 들었으나 담당 의사를 만날 길이 없으니 짐작조차 하기 힘들었다. 얼마나 조바심이 나고 답답하였는지 나는 세상적인 관념을 깨고 문을 부수고라도 올라가 내 아들의 얼굴을 보고 싶은 충동을 느꼈다. 너무 긴장을 해서인지 가슴에 통증이 느껴져 간간히 심호흡을 하며 긴 한숨을 내쉬었다.

"나는 왜 아들이 있는 병동에 올라갈 수가 없단 말인가……."

"깨어 버릴 수도 없는 세상의 질서, 상식이라는 이름으로 나를 덮

어쒸우고 있는 그 무시해 버리고만 싶은 관습들……."

나의 이 말이 탄식이 되어 입 밖으로 새어 나왔다. 우리는 그날 이 세상에 태어나 제일 길게 느껴지는 시간을 그곳에서 보낸 것 같았다.

새벽 3시쯤이 되어서야 간호사가 와서 우리를 데리고 2층으로 올라갔다.

가슴을 조이며 올라갔는데 우리 눈앞에 펼쳐진 그 광경은 너무도 놀라워서 나 자신이 악몽을 꾸고 있는 것 같은 착각이 들 정도로 믿어지지가 않았다.

그러나 눈을 부릅뜨고 들여다보아도 수혈을 받으며 누워 있는 아이는 분명 나의 아들 J. J.였다. 너무 겁에 질린 나는 비명을 지르며 그곳에 주저앉았다.

간호사들이 진정시키며 의자를 가져다 앉으라고 권하며 휘청거리는 나를 잡아 주었다. 그 순간 막연하나마 숙명처럼 시작되는 고난이라는 검은 그림자가 보이지 않는 모습으로 내 앞에 성큼 다가와 있음을 육감으로 감지하였다. 그런데 도대체 나를 도와주셔야 할 보혜사 하나님은 어디에 계시는지 알 길이 없고 오직 무거운 침묵과 공포만이 내 주위를 감돌고 있었다.

나는 혼미해지는 정신을 가다듬으며 연거푸 심호흡을 몇 번 하였다. 그리고 강해져야 한다고 나 자신에게 조용히 타이르듯 말하였다.

존과 나는 양쪽에서 침대 모서리를 잡고 우리의 아들을 들여다보았다.

팔과 다리에 붕대가 군데군데 감아져 있고 가슴에도 붕대가 조금 감아져 있었다. 얼굴은 눈두덩과 입술이 조금 부었을 뿐 큰 상처는 없는 것 같았다. 우리가 아무리 들여다보아도 많이 다친 것은 분명한데 어디를 어느 정도 다친 건지 전혀 알 수가 없었다. 맞은편에서 계속 엑스레이 사진을 들여다보고 있던 젊은 의사가 우리에게 다가와 인사를 하며 조금 구석진 곳으로 데리고 가서 의자에 앉으라고 권했다.

의사의 말이 J. J.가 출혈이 너무 심해 계속 수혈을 하는 중이며 우선적으로 뇌의 사진을 찍어 보았는데, 그 결과 뇌에는 별 이상이 없는 것 같아서 그것은 매우 다행한 일이라고 말해 주었다. 지금 상태에서 제일 급한 것은 배 부분을 열어 봐야 장기에 이상이 있는지 없는지를 알 수 있는데, 그러기 위해서는 한시바삐 수술을 해야 하지만 체온이 너무 내려가 있어서 수술할 수가 없다고 했다. 그러기에 체온을 조금이라도 올라가게 하는 것이 급선무라고 하였다.

의사가 우리더러 J. J. 옆에서 계속 무슨 말이라도 해주라고 하면서 진통제를 강한 걸 줘서 정신이 혼미한 상태지만 부모가 옆에 와 있다는 것을 알게 되면 마음에 안정을 되찾아 혹 도움이 될지도 모른다고 말했다. 그리고 우리가 할 수 있는 것은 무엇이든지 최선을 다해 보자며 위로해 주었다. 체온을 높이기 위해 켜 놓은 히터들이 대낮같이 환하게 그 애의 온몸을 비추고 있었다.

넋을 놓고 있다가 J. J.를 쳐다보았더니 간간히 눈을 떠 보려고 노력하는 모습이 보였다. 나는 그 모습을 보자 정신이 번쩍 들었다. 의술이 발달한 시대인데 수술을 잘 받으면 거짓말같이 일어나겠지 하는 희망이 생겼다. 그리고 우리 말도 약간은 알아듣는 듯하여 그 모습은 우리에게 일말의 희망을 가져다 주었다.

나는 J. J.의 귀에다 대고 "J. J. 하나님은 너를 꼭 일으켜 주실 것이다. 하나님은 너를 사랑하시니까. 그러니 너도 하나님께 살려 달라고 기도해야 한다. 하나님이 우리를 사랑하시는 걸 너는 잊으면 안 된다."라고 반쯤 울면서 웅얼웅얼거렸다.

뜨거운 눈물이 내 볼을 적시며 한없이 한없이 흘러내렸다. "아! 하나님! 이 어려움을 잘 이겨 낼 수 있도록 연약한 우리의 손을 꼭 좀 잡아 주세요." 나는 입 밖으로 나오지도 않는 말들을 삼키며 억지로 침대 모서리를 붙잡고 서 있었다.

갑자기 침대 맞은편에 있던 J. J.아빠의 울먹이는 목소리가 들려왔다. "J. J. 나는 너를 사랑한다. 그리고 네가 필요하다. 힘내라. 힘을 내서 싸워라. 그래서 이겨야 한다. 절대 포기하지 말아라. 나는 너 없이 살아갈 수가 없다." 그 절규하는 목소리가 이 세상이 아닌 다른 먼 곳에서 들려오는 듯 아득하게 메아리가 되어 내 귓전으로 돌아왔다.

나는 그 애를 안아 주어 내가 곁에 있다는 것을 알려 주고 싶었으나 산소 호흡기 때문에 나의 아들을 안아 줄 수가 없었다. 온몸은 튜브를 통해 혈관에 수혈과 약물들을 주입시키느라 꽂아 놓은 주사바늘들을 테이프로 붙여 놓아서 혹시라도 잘못 만져 무엇 하나라도 건드릴까봐 조심스러워 건드리기조차 겁이 날 지경이었다.

나는 그 애의 귀에다 대고 몇 번이고 키스를 해주었다. 그 애의 따뜻한 체온이 느껴지며 마음도 전해 오는 것 같았다.

"오! 하나님! 하실 수만 있다면 나에게 벌을 주시고 이 애를 지켜 주세요. 왜 불행은 나와 상관없는 듯 오만한 하루하루를 살았을까요……나라는 인간은 참으로 우매한 인간입니다. 내가 알게 모르게 행한 그 많은 죄를 용서하시고 J.J.를 너무 사랑한 것도 용서해 주세요……감히 나와 J.J.의 생명을 흥정하는 듯한, 나의 생명을 대신 거두어 달라는 말은 하지 않겠습니다. 모든 것이 당신의 주권 아래 있사오니 그저 우리 가족을 긍휼히 여겨 주십시오."

나는 마음속으로 참회의 기도를 올린 다음 절망감 속에서도 조금은 마음이 평온해짐을 느꼈다.

우리 부부는 침대 양쪽에 서서 상처가 나서 많이 부어 오른 그 애의 손등을 쓰다듬고 있었다. 그때 놀랍게도 J.J.가 우리가 와 있는 것을 아는 듯 눈을 떠 보려고 계속 노력하더니 가까스로 반쯤 힘겹게 눈을 뜨고 우리를 쳐다보았다.

나는 그 모습이 너무 힘들어 보였기에 억지로 눈을 뜨지 않아도 네가 우리말을 알아듣는다는 것을 알고 있으니 그냥 눈을 감고 편하게 있으라고 말해 주었다. 그리고 우리는 네 곁을 떠나지 않고 지킬 것이며, 이곳은 큰 병원이고 여기 의사들이 최선을 다해 너를 치료하고 있으니 너는 아무 염려하지 말라는 말도 해주었다. 그 순간 그 애의 눈에서 눈물이 흘러내렸다.

J. J.가 엄마의 애절한 사랑에 반응을 하는 것일까? 조금 흥분이 된 듯 몸을 부르르 떨더니 순간적으로 1.1도의 체온이 올라갔다. J. J. 주위에 둘러서 있던 간호사들이 일제히 탄성을 질렀다. 그리고 이제는 수술할 수 있다는 사인을 우리에게 보내 주었다. "하나님, 감사합니다!" 나도 덩달아 소리를 질렀다.

왜 내게?

새가 날개치며 그 새끼를 보호함같이 사 31:5.

2003년 12월 10일

아침 7시가 다 되어서야 J. J.는 수술실로 들어갔다. 수술은 한 의사가 하는 것이 아니라 부분별로 여러 의사가 하게 될 것이라고 하였다. J. J.가 수술을 받고 있는 긴 시간 동안 우리는 대기실에서 꼼작도 안하고 기다렸는데 수술하는 도중 사이사이에 의사들이 내려와 수술에 필요한 동의서를 받으러 와서는 그 애가 어떤 상태에 있는지 말해 주기도 하였다. 또 어떤 때는 생명이 위험할지도 모른다는 이야기를 하기도 하였다. 그런 의사들의 말 한마디 한마디에 우리는 희망을 갖기도 하고 기의 실신할 듯 절망에 빠지기도 하면서 수술실에 있는 J. J.와 같이 여러 번 생과 사의 갈림길을 헤매고 있었다.

자신의 분신과도 같은 자식이 수술실에서 어떤 모습으로 누워 있는지도 모르는 채 그저 앉아 있으려니 온몸이 졸아드는 듯한 고통이 느껴졌다.

밤을 꼬박 새고 하루 종일 아무것도 먹지 않았는데도 너무 긴장을 해서 그런지 이상하게 갈수록 정신이 맑아졌다. 의자에 비스듬히 앉아 우리는 침묵 속에 식물인간처럼 그저 간신히 숨만 쉬고 있었다.

그날 오후 5시가 되어서야 J. J.는 수술을 끝내고 병실로 옮겨졌다. 그리고 간호사가 우리를 데리러 와서 그 애가 있는 병실로 안내해 주었다.

간호사를 따라 중환자들이 있는 병실로 들어갔다. 복도의 맨 끝에 있는 방에 J. J.의 모습이 보였다. 병실로 들어서니 백옥같이 하얀 시트를 덮고 나의 사랑하는 아들이 산소 호흡기를 한 채 평화로운 모습으로 누워 잠들어 있었다.

간호사의 말로는 수술 경과는 좀더 두고 지켜보아야 하며 아직도 피가 많이 부족해 계속 수혈을 받아야 한다고 하였다.

우리는 말없이 침대 양쪽에 서서 겉으로 드러나는 상처들을 살펴 보기 시작하였다. 바로 그때 의사가 방으로 들어와 수술 경과를 설명해 주었다.

혹시 내부에 파열된 곳이 없나 해서 배 부분을 수술했는데 염려했던 곳에는 아무런 이상이 없어서 다행이라고 말하였다. 그러나 왼쪽 다리 근육이 많이 손상되어 그 부분도 수술을 했는데 결과는 두고 보아야 알 것 같으며 현재로 수술은 잘된 것 같다는 의사의 말에 조금은 안도의 숨을 내쉬며 마음이 조금 진정되었다.

 의사의 말 한마디에 마음이 밝아져 오며 갑자기 캄캄한 터널 속에서 밝은 바깥 세상으로 빠져 나온 듯 정신이 나며 그제서야 주위 풍경들이 눈앞에 들어오기 시작하였다.

 그 애를 둘러싼 기계 중에서 우리가 알 수 있는 것은 심장박동을 재는 기계와 산소를 공급하는 기계 정도였다. 우리는 눈을 부릅뜨고 하루 종일 그 애의 심장이 뛰는 것을 바라보며 침대 옆에 버티고 서 있었다. 간호사들이 가서 쉬라고 몇 번이고 말을 하더니 듣지를 않자 더 이상 권하지 않고 우리를 내버려두었다. 하루 종일 그 애는 똑같은 모습으로 누워 있고 우리도 꼼짝 않고 그곳에 똑같은 모습으로 서 있었다. 하루를 뜬눈으로 지새웠는데도 이상하게 조금도 피곤하지 않고 머릿속이 점점 더 맑아지는 것 같았다.

 우리는 간호사들이 교대하는 시간에는 30분 정도 병실에서 나와 있어야 되었는데 밤 8시쯤 되니 새로운 간호사로 바뀌었다.

 원래 9시까지가 면회 시간이었는데 우리는 10시까지 그곳에 있게 배려해 주었다. 밤 10시가 지나니 더 이상 우리가 병실 안에 있으면 안 된다고 하면서 간호사들이 이곳은 염려 말고 돌아가서 쉬라고 해서 할 수 없이 호텔로 돌아왔다.

호텔은 병원에서 가까운 거리였지만 우리는 걸을 기운도 없어 택시를 타고 호텔로 돌아왔다.

하루 사이에 오랜 세월이 흘러간 듯 격세지감이 느껴졌다. 호텔방으로 들어서니 머리는 공백 상태로 텅 빈 듯하고 몸도 내 것이 아닌 듯 잘 움직여지지가 않았다.

나는 침대에 무너지듯 쓰러져 잠에 빠져들면서 깨어나면 기적이 일어나지 않을까 하는 생각을 해보았다. 기적의 하나님은 지금쯤 그 애를 만져 줄지도 모른다는 생각을 하며 미소를 지었다.

새가 날개치며 그 새끼를 보호함같이 사 31:5.

2003년 12월 11일

누가 먼저랄 것도 없이 우리는 거의 동시에 새벽녘에 잠에서 깨어났다.

존이 간호사에게 전화를 걸어 J. J.의 상태를 물어보니 별다른 변화 없이 우리가 떠났을 때와 비슷하다고 말해 주었다. 우리는 이른 아침에 호텔에서 나와 몇 블록을 걸어서 병원으로 들어왔다. 병원 식당에는 밤새 근무한 듯한 의사나 간호사들이 아침을 먹으며 활기찬 모습으로 담소들을 나누고 있었다.

우리는 서로를 권하며 억지로 아침을 조금 먹었다. 그러고 난 후에 면회 시간을 기다리며 병원 안에 있는 채플Chapel로 들어갔다. 그곳은 외부의 소음이 전혀 들리지 않고 고요하였으며 반질반질하게 윤이 나는 의자들이 무수한 사람의 간절한 기도들로 단련된 듯 단단하고 아름다운 모습으로 우리를 맞아 주었다.

우리는 서로의 두 손을 꼭 잡고 간절히 하나님께 기도드렸다. 우리가 이렇듯 애타게 하나님을 찾고 있는데 하나님은 외면한 채 우리를 시험하고 계신 것 같은 생각이 들기도 하였다. 그때 "믿음이 적은 자여 왜 의심하였느냐"마 14:31 하는 성경 구절이 생각났다. 나는 하나님께 모든 것을 믿고 맡기지 못하는 나 자신과 갈등하면서 심한 좌절감을 느꼈다.

옆에서 J. J.아빠가 훌쩍훌쩍 우는 소리가 들렸다. 그의 무너지는 가슴을 누가 안아 주겠는가? 하나님밖에는 아무도 그를 어루만져 줄 수가 없을 것 같았다.

나를 위로하느라고 강한 척 숨기고 있던 그의 고통이 무너져 내린 것이었다.

엊그제까지만 해도 희망과 즐거움이 있던 세상이 갑자기 한 치 앞도 내다볼 수 없는 불투명하고 암울한 세상으로 변해 버리고, 미래는 거대한 절망의 덩어리와 같이 버티고 서서 우리의 앞길을 막아 버렸다.

수많은 질문이 엉킨 실타래처럼 내 머릿속에 엉켜 있는 채 하나의 해답도 명백하게 끄집어 낼 수가 없었다. 그 많은 질문 중의 하나는 "하나님은 왜 나에게 이런 고난을 주시는가?"였다.

마침 아침 회진을 끝낸 의사가 병실 앞을 지나가기에 우리는 좀더 자세히 J.J.의 상태를 설명해 달라고 부탁해 보았다. 그러나 아무튼 계속 지켜보아야 한다는 말만 할 뿐 우리가 기대하는 아무런 대답도 듣지 못했다.

J.J.는 그저 깊은 잠을 자고 있는 듯 편안한 모습이었다. 우리는 그 애가 갓난아기였을 때 지금과 같이 침대 곁에서 오랜 시간 동안 들여다본 적이 있었는데, 문득 20년 전의 그날이 긴 시간과 공간을 뛰어넘어 어제의 일인 양 또렷하게 기억이 났다.

갓난아기 때 잠자는 모습을 들여다보면 통통한 입술 사이로 침이 흘러나와 그 침으로 조그맣고 투명한 풍선을 만들 때가 있었는데, 지금도 통통하게 부은 입술이 아기 때처럼 귀엽게 느껴졌다. 입 안에 고인 침으로 작은 풍선을 만들 것만 같은 그 입술 옆으로 실가닥같이 가는 침이 흘러내렸다. 가끔 입 안에 고인 침을 간호사들이 호스로 빼주곤 했는데 나는 양해를 구해 그 일을 맡아서 하기로 하였다. 무엇이든 그 애에게 해주고 싶은 마음에 그것이라도 하지 않고는 견딜 수가 없었다.

하루 종일 J. J.를 침대 곁에서 지켜보다 우리는 그날 밤도 젖은 솜처럼 무거워진 몸을 이끌고 호텔로 돌아와 깊이 잠들지 못하는 불면의 밤을 보냈다.

2003년 12월 12일

J. J.는 별 차도가 없는 채로 또 힘겹게 새로운 하루를 맞이했다. 병원에 들어서니 어제와 똑같이 분주한 발길로 오가는 사람들로 복도가 붐비고 구내식당도 활기를 띠고 아침 손님들을 맞이하고 있었다. J. J.만 빼고는 이 세상이 아무것도 변한 것이 없는 듯하였다. 그러나 우리 가족은 이미 변해 버린 세상에서 살아남아 보려고 힘겨운 투쟁을 하고 있었다.

복도에서 우연히 담당 의사를 만났는데, 그는 가던 길을 되돌아와서 나이든 사람이 J. J.처럼 큰 사고가 났으면 생명을 부지하기가 힘들었을 것이라고 했다. 그러면서 J. J.는 젊고 건강하니까 매우 희망적이라고 말해 주었다. 우리는 그 말에 조금 힘이 나서 입가에 미소가 돌았다. 나의 머릿속에는 어떻게든 그 애를 시키아 휜디는 생각 때문에 정신을 놓을 수가 없었다. "기운을 내야 한다. 기운을 내야 한다." 나는 나 자신에게 최면을 걸 듯 하루에도 몇 번씩 다짐하며 중얼거렸다.

하나님이 주신 내 가슴의 용량은 얼마나 큰 것일까 하는 의문이 마음속에 일었다. 하나님은 고통을 감당할 수 있을 만큼 혹은 감당할 수 있도록 해주신다고 하였으니 분명 나에게 이 일을 감당할 수 있는 큰 용량의 가슴도 주실 것이라는 생각이 들었다. 그러나 하루에도 몇 번씩 통곡하고 싶은 슬픔을 참고 다니려니 가슴이 터질 듯하고 응어리가 진 것같이 항상 가슴이 뻐근하고 많이 아팠다.

어느 순간엔 갑자기 봇물이 가슴에서 터져 나오듯 뜨거운 눈물이 주체할 수 없이 줄줄 흘러내리기도 하였다.

우리는 병든 새끼를 지키기 위해 신음하는 약한 동물이었다.

그 언젠가 깊은 산속, 산중턱 어디에서 흘러나오던 처절한 짐승의 신음소리를 들은 적이 있는데, 어느새 나의 입에서도 그 짐승의 소리와 비슷한 신음 소리가 입가에서 흘러나오고 있었다.

저희가 나를 위하여 비밀히 친 그물에서 빼어 내소서
주는 나의 산성이시니이다 시 31:4.

여호와여 그러하여도 나는 주께 의지하고 말하기를
주는 내 하나님이시라 하였나이다 시 31:14.

여호와께서 환난 날에 나를 그 초막 속에 비밀히 지키시고
그 장막 은밀한 곳에 나를 숨기시며 바위 위에 높이 두시리로다 시 27:5.

우리는 이 성경 구절들을 J. J. 침대 위에 붙여 놓고 시간이 날 때마다 읽어 주었다. 또한 우리의 기도이기도 한 이 말씀을 믿음으로 붙잡으려고 노력하며 묵상하였다.

오늘은 하루 종일 이사야서와 시편을 읽고 묵상하면서 하루를 보냈다. 그런데 갑자기 머릿속으로만 읽던 성경 말씀들이 나의 마음을 움직이면서 가슴으로 읽어지는 체험을 하게 되었다.

말씀 한 구절 한 구절이 나의 삶 속에서 살아 움직이는 말씀으로 내 가슴속에 파고 들어와 나의 영혼을 일깨우며, 참담한 가운데 오직 하나님만 바라볼 수 있는 눈을 뜨게 하여 준 것이었다. 때로는 성경 말씀들이 온전한 나의 고백이 되어 입 속에서 흘러나왔으며, 나는 눈물로 통회하며 그 말씀들을 읽고 또 읽었다.

성령님이 아픈 나의 마음을 어루만지며 위로하여 주심을 순간순간 느낄 수 있었다.

J. J.의 손을 잡고 기도하거나 침대 위에 붙여 놓은 성경 구절을 읽어 주는 것을 지켜보고 있던 간호사들이 애처로워 보였는지 자진해서 우리가 없는 동안 성경 말씀을 J. J.에게 읽어 주겠다고 약속하였다. 또 어떤 간호사는 자기도 기독교인이라고 하면서 자식처럼 J. J.를 돌보아 주겠다면서 눈물을 글썽이기도 하였다.

남자 간호사인 필립은 자신이 독신으로 살고 있지만 이미 J. J.를 양자로 삼았다고 말하곤 해서 많은 사람에게 흐뭇한 마음을 전해 주었다. 예수 안에서 사랑을 나눈다는 것은 모든 것을 초월한 너무도 귀하고 아름다운 모습이었다.

제니Jenny라는 간호사는 주로 밤에 근무하였는데, 당번일 때 J. J.가 열이 오르거나 하면 그런 날은 집에 돌아가서도 자신이 혹 실수한 것이 없나 생각하다 잠도 편히 잘 수가 없다는 이야기를 우리에게 해주었다. 그리고 자기 아들도 20살이라 더욱 마음이 쓰인다며 열심히 J. J.를 돌보아 주었다. 그곳에서 내가 본 대부분의 간호사들은 사명감을 가지고 열심히 일하는 모습이 정말 천사와 같았다.

우리는 그들에게서 많은 위로를 받았으며 좋은 병원에 있게 해주신 하나님께 감사의 기도를 드렸다.

2003년 12월 13일

목사님들과 전도사님이 다녀가셨다. 두 시간 이상 걸리는 먼 곳까지 와 주셔서 미안한 마음이 들었다. 이용걸 목사님은 J. J.가 있는 병실에 들어오셔서 성경 구절을 찾으시려다 감정을 추스르느라 애쓰는 모습이 보였다. 성경을 펼쳤다 접으시고 또다시 펼치려다 접으시더니 뒤로 돌아서서 눈물을 훔치셨다.

나는 그런 인간적인 목사님의 따뜻한 모습이 너무나 마음에 와 닿았다. 성도들에게 어머니와 같이 정감 있는 김명덕 전도사님과 나도 함께 끌어안고 참던 울음을 터트리고야 말았다. 예수 안에서 하나가 되어 흘린 그 따뜻한 사랑의 눈물들은 우리의 가슴을 녹이며 우리 부부에게 많은 위로를 주었다.

오늘도 J. J.가 조금도 차도가 없었던 터라 마음이 나약해져 있던 우리 부부는 목사님의 말씀과 기도에 영적으로 다시 한번 무장되며 힘이 생기는 걸 느낄 수 있었다.

평상시에는 잘 모르고 지냈는데 힘든 일을 당하고 보니 정말 어린 양과 같은 심정이 되어 양 무리를 이끄는 교역자들에게 많이 의지하는 나 자신을 발견하게 되었다. 나는 많은 기도의 후원자가 필요했으며 할 수만 있다면 아무나 붙잡고 기도를 구걸하고 싶었.

그리고 어제와 별 차도가 없이 그대로인 J. J.를 보니 어쩌면 투병 생활이 길어질지도 모른다는 생각이 들었다.

생과 사의 갈림길에서 세상을 바라다보니 생명을 빼 놓고는 그 어떤 것도 별로 중요한 것이 없다는 생각이 들었다. 내가 가치 있게 생각하던 많은 것이 하찮은 생각이 들며 부질없는 것들에 집착하던 나 자신에게 자조적인 웃음을 웃을 수밖에 없었다.

존은 밤마다 이메일E-Mail로 J. J.의 병세를 자세히 친척들에게 알리고 우리를 위해 기도해 줄 것을 부탁하였다. 친척들은 자신들이 다니는 교회의 기도모임에 속한 사람들과 합심하여 열심히 기도하고 있음을 알려 오곤 하였다.

　존이 다니는 미국교회와 내가 다니는 한국교회에서도 열심히 기도하고 있으니 힘을 내라고 전도사님이 나에게 말해 주었다.

　특히 톰슨Thompson이 다니는 교회의 목사님은 본인이 아파서 응급실로 가게 되었는데, 그곳에 실려 가면서도 J. J.의 안부를 물더라는 소리를 듣고 나는 놀랍고 고마운 마음에 그 목사님을 위해서도 열심히 기도하였다. 또 한국에 있는 나의 친한 친구들도 열심히 기도하고 있다며 나를 격려해 주었다. 우리는 매일 이 기도의 힘으로 살아가고 있음을 알 수 있었다. 모두 열 교회에서 J. J.를 위해 기도하고 있다는 이메일이 왔다.

　우리는 이 많은 기도의 용사들을 보내 주신 하나님께 감사드렸다.

　새삼 하나님이 주신 이 교회라는 공동체가 너무 아름답다는 생각이 들었다. 예수 그리스도의 사랑은 우리 모두를 주 안에서 하나로 만든다는 것과 그리스도 안에서 한 몸이 되어 서로 지체가 되었다는 말을 피부로 느끼며 깨닫게 되었다.

　하나님은 낙심하고 지쳐 있는 우리를 혼자 내버려두지 않으시고 많은 기도의 후원자를 보내어 함께 기도하게 하셨으며, 기도를 통하여 하루하루 우리의 삶을 지탱할 수 있는 힘을 부어 주셨다.

2003년 12월 15일

우리는 오늘 담당 의사를 만나 지금 상태에서 가장 염려되는 것이 무엇이냐고 물어보았다. 의사의 말이 J.J.의 피 속에 아직도 박테리아가 있어 그것을 없애려고 계속 항생제를 투여하는데 어디서 오는 것인지 아직 정확한 원인을 몰라서 검사를 계속하는 중이라고 말하였다.

여러 가지 가능성이 있지만 아마도 다리 부분에 균이 들어간 것 같다고 해서 또 한번 가슴이 덜컹 내려앉았다. 눈에 보이지도 않는 그 미세한 세균들이 그 애의 어느 부분에 잠적하고 있어 건장한 청년을 꼼짝도 못하게 하는가 생각하니 새삼스레 인간이 얼마나 미약한 존재인가를 다시 한번 실감하였다.

단거리 육상 선수였던 그 애의 다리를 다시 한번 찬찬히 들여다보았다. 오른쪽 다리는 깁스를 해서 어떤 모습을 하고 있는지 잘 모르겠고 왼쪽 다리는 겉으로 보아서는 괜찮은 것 같은데 의사들 말로는 오히려 왼쪽 다리의 근육이 많이 손상되어 더 나쁜 상태라고 하였다. 나는 그 애의 두 발을 붙들고 하나님께 기도를 드렸다. "하나님, J.J.의 다리를 예전처럼 건강하게 회복시켜 주셔서 다시 이 땅을 딛고 힘차게 일어나 남은 생애를 하나님의 영광을 위해 살아가게 하여 주시옵소서. J.J.를 꼭 일으켜 주시리라 믿습니다."

확신을 가지고 기도한 것 같은데 다시 흔들리는 나 자신을 돌아보며 나의 약한 믿음 때문에 J. J.의 회복이 늦어지는 것 같아 그 자책감으로 견딜 수가 없었다.

오늘도 병실과 채플을 오가며 하루를 보냈다. 채플 정면엔 색유리로 만든 푸른 초장을 연상케 하는 그림이 있고 그림 뒤에는 불이 환하게 켜져 있어서 대낮에 초원에 온 듯한 착각을 느끼게 하였다.

그곳은 우리에게 기도와 휴식으로 잠시나마 마음에 평온을 주었으며, 새로운 힘을 충전해 주는 피난처와 안식처가 되었다.

수술만 끝나면 의식이 회복되어 곧 우리를 알아볼 수 있으리라고 생각했던 기대가 자꾸 무너지면서 안타깝게도 J. J.는 계속 깨어나지 못했다.

우리는 벌써 여러 날 동안 병원 근처의 호텔에서 지내고 있었는데, 매일 아침 다시 병원으로 올 때마다 혹시나 J. J.가 깨어나지 않았을까 하는 기대를 가지고 왔다가 깨어나지 않은 J. J.를 보면 낙담이 되곤 하였다.

J. J.가 오늘은 하루 종일 열도 나지 않고 상태가 좋은 편이라 오랜만에 우리는 집으로 돌아가 짐도 다시 챙겨 오고 우편물도 정리할 겸해서 하루 저녁 집에 다녀오기로 결정을 하고 저녁 늦게 도착하였다.

집에 들어서자마자 마치 갓난아이를 병원에 두고 온 듯 J. J.의 모습이 눈앞에 아른거려 일이 통 손에 잡히지 않았다.

존은 벌써 여러 날째 회사를 가지 못해 일이 많이 밀린 상태였다. 회사에서 만약 우리가 병원 근처에서 장기적으로 묶게 될 경우를 대비해 호텔에 머물면서 일할 수 있도록 컴퓨터를 설치하는 방안을 검토하는 중이라고 하였다. 그리고 회사 직원들도 회사일은 너무 염려하지 말고 J. J. 병간호만 잘 하라고 격려의 카드를 보내 왔다.

J. J.가 이처럼 많은 사람에게 보답하기 위해서라도 하루속히 일어나야 할 터인데 하는 착잡한 마음으로 여러 사람의 마음이 들어 있는 카드를 읽었다.

밤에 잠을 자다가도 존은 거의 두세 시간마다 간호사와 통화를 했는데, 우리가 떠났을 때와 별다른 변화 없이 상태가 비슷하다고 해서 그것만도 감사하다는 생각이 들었다. 한 가지 걱정되는 것은 아직도 열이 내리지 않아 해열제를 주었는데, 그것은 큰 수술 후에 흔히 있는 일이니 너무 염려하지 말라고 하면서 푹 쉬고 내일 만나 보자면서 전화를 끊었다.

오늘은 마음이 많이 약해지고 잠을 자려고 자리에 누웠는데도 만질 때마다 차갑던 그 애의 발가락이 자꾸 마음에 걸려 잠이 오지를 않았다. 나는 하루 종일 어떻게든 발을 따뜻하게 해보려고 내 손으로 감싸고 간호사의 눈을 피해 조금씩 주물러 주기도 하였다. 할 수만 있다면 내 입 속에라도 넣어 녹여 주고 싶었다.

억지로 잠을 청하며 돌아눕는데 몸도 잘 움직일 수 없을 정도로 피곤하고 정신이 몽롱해졌다. 눈을 감으니 머리가 핑그르 도는 듯하며 검은 소용돌이 속으로 내 몸과 영혼이 빙빙 돌면서 깊고 깊은 그 어느 곳으로 빨려 들어가는 것 같았다.

  하나님은 그날 밤 깊은 잠을 통하여 우리에게 필요한 귀한 휴식을 가져다 주셨다.

"엄마, 사랑해요!"

오직 하나님은 미쁘사 너희가 감당치 못할
시험당함을 허락지 아니하시고 고전 10:13.

2003년 12월 16일

새벽녘에 전화벨 소리가 굉음처럼 울려 퍼졌다. 새벽에 정적을 깨우는 그 소리는 공포심을 몰고 오며 잠을 깨웠다. "우리가 잠들어 있는 사이에 무슨 일이 일어난 것인가?" 순간 긴박한 상황인 것을 짐작하며 나는 떨리는 손으로 존에게 전화기를 건네주었다.

의사가 존에게 하는 말이 수화기를 통해 들려왔다. 지금 당장 다리를 수술하지 않으면 생명이 위험할지도 모른다고 하면서 우리가 와서 수술 동의서에 사인을 해야 하는데, 올 때까지 기다릴 수 없으니 전화로라도 동의해 달라는 말이있다.

우리는 그 급박한 상황 앞에서 할 말을 잃었다. 우리는 어떻게 하든지 J. J.의 생명만 살려 달라고 애원하듯 말하며 최대한으로 빨리 가겠다고 말하였다.

그러고 나서 최대한의 속력을 내며 병원을 향해 달렸다.

한기가 느껴지는 새벽 공기는 신선함 대신 잔혹한 슬픔을 가지고 차갑고 고통스럽게 내 폐부를 할퀴며 파고들었다.

오른쪽 다리를 잃을지도 모른다……우리가 염려하던 일들이 현실이 되어 가까이 다가오고 있는 듯한 느낌이었다. 우리는 최악의 경우까지 생각하며 병원으로 가는 동안 기적이 일어나기만을 바랄 따름이었다.

나는 이미 우리가 할 수 있는 일은 아무것도 없다는 것을 알면서도 하나님께 온전히 맡기지도 못하고 걷히지 않는 안개 속을 헤매듯 보이지도 않는 앞길을 나의 힘으로 찾아보려고 안간힘을 다하고 있었다. 그러나 안개는 시야를 가리운 채 점점 더 짙게 몰려오며 나를 질식시킬 듯 뭉게뭉게 피어오르고 있었다.

병원에 도착하니 J. J.는 벌써 수술실로 들어가 수술받는 중이라고 하였다. 우리는 대기실에서 또다시 한 치 앞도 알 수 없는 인간의 한계를 절감하며 탈진한 상태에서 소파에 비스듬히 누워 간신히 숨만 쉬고 있었다.

우리 가족의 미래는 어디를 향해 표류하고 있는 것일까? 나는 희망도 없는 캄캄한 바다 위에서 이 순간을 잘 이겨 낼 수 있도록 힘을 달라고 하나님께 매달렸다.

얼마쯤 시간이 지났을까! 낯익은 자주색 가운을 입은 젊은 의사가 대기실로 들어와서 우리 옆에 의자를 가지고 가까이 다가와 앉았다. 그 사람 좋은 젊은 의사는 깍지 낀 손을 풀어 그 큰 손으로 얼굴을 감싸 안았다. 그러더니 다시 손을 내려 마주 비비며 말을 쉽게 꺼내지 못하고 다시 자신의 얼굴을 감싸 안았다.

우리가 재촉하는 눈빛을 보내자 의사는 피곤하고 충혈된 눈으로 바라보았다. 나는 그의 입에서 무슨 말이 떨어질지 너무 두려워 가슴이 쿵쿵 뛰기 시작하였다.

의사가 침통한 표정으로 미안하다고 하며 입을 열었다. 자기네 수술 팀들이 할 수 있는 한 최선을 다했지만 다리에 있는 균이 다른 곳으로 번지면 생명이 위험하기 때문에 다리를 절단할 수밖에 없었노라고 말하였다.

나는 너무나도 큰 충격에 "오! 하나님!" 하고 비명을 질렀는데, 그 소리는 내 가슴속에서 메아리치며 더 깊은 곳으로 들어갈 뿐 아무 소리도 입 밖으로 새어 나오지 않았다. 의사에게 무언가 물어보고 싶었지만 말할 기려이 없어 죽은 듯이 누워 있었다. 내 몸이 마치 자다가 가위에 눌렸을 때처럼 움직여지지를 않았다.

나는 그때 내 몸 속의 기운이 머리에서부터 발끝까지 서서히 빠져 나가는 것을 피부로 느낄 수 있었다. 우리의 영혼도 이렇듯 언젠가 육체를 떠나가겠지 하는 생각도 들었다.

정신이 무너지니 육체도 함께 무너져 내렸다. 그리고 그 다음은 혼미한 상태에서 잠시 동안 정신을 잃었던 것 같다.

얼마 후에 잠에서 깨어나듯 정신이 들며 내 옆에 있는 의자에 앉아서 눈물로 얼룩진 얼굴을 손으로 반쯤 가린 채 미동도 않고 있는 존의 얼굴이 눈앞에 보였다. 우리는 이미 너무 무력해져서 서로를 붙들어 줄 수 있는 힘을 잃었다. 나는 그의 손을 잡아 주고 싶었지만 그것은 마음뿐이었다.

존도 자신의 고통이 너무 커서 옆에 있는 나를 거의 의식하지 못하는 것 같았다. 긴 침묵의 시간이 흘렀다.

39살 늦은 나이에 아들을 얻은 그에게 J. J.는 가장 가까운 친구였으며 이 지구에서 가장 마음을 다해 사랑한 사람이기도 할 것이다.

한 시간쯤 지난 후 간호사가 우리를 데리러 왔다. 나는 그제서야 정신이 번쩍 들며 강한 모성이 나를 붙잡아 일으키는 것을 알 수 있었다.

"하나님, 내 삶의 주인이신 당신만이 나를 일으켜 세울 수 있는 것을 압니다. 산산조각이 나 있는 내 영혼의 파편들을 다시 모아 상한 심령을 싸매시는 그 능력의 손으로 나의 영혼을 다시 싸매 주시옵소서. 힘을 잃어버리고 무너져 내린 우리의 육체를 다시 세워 주사 이 모든 일을 감당할 힘을 부어 주시옵소서."

나는 이 기도를 마치고 마치 전쟁터에 나가는 용사와 같이 전의를 느끼며 존의 손을 붙잡아 일으켰다. 우리는 새끼를 위해 어느 때보다 강해져야 했다.

서로가 있는 힘을 다해 잡은 이 손은 세상에서 부모가 자식을 향해 사력을 다해 잡고 있는 가장 강한 손이었다.

우리는 한걸음 한걸음 병실로 들어섰다. 눈앞에 아무 일도 없었던 것처럼 편안히 잠든 J. J.의 얼굴이 들어왔다. "얼마나 힘이 들었을까!" 생각하며 J. J. 얼굴을 들여다보니 고맙고 반가운 마음에 눈물이 나왔다. 우리 두 사람은 거의 동시에 손을 모아 J. J.를 살려 주신 하나님께 감사의 기도를 드렸다. 그리고 수술하느라고 힘들었을 아들에게도 수고했다는 말을 해주었다.

이 아이가 우리 앞에서 숨을 쉬고 있는데 무엇을 더 바라랴! 생사의 갈림길에서 마음을 완전히 비우고 많은 것을 포기하고 나니 오늘도 살아서 숨쉬게 하여 주신 것만으로도 감사가 넘쳐흘렀다. 다행히 절단한 부분이 적어서 의족을 하면 뛰어다닐 수도 있다는 의사의 말에 위안을 받게 되었다.

이 어려운 상황에서도 감사하는 마음이 끝없이 솟아나는 것은 내 마음속에 성령님이 함께하시기 때문이라는 생각이 들었다.

오늘 병원을 나오며 이 세상에서 같이 숨쉬며 스치고 지나가는 한 사람 한 사람의 생명이 나에게 깊은 감동을 주며 친근감을 느끼게 하여 주었다. 그리고 도저히 견디기 힘든 순간을 감당하게 하신 하나님께 다시 한번 감사드렸다.

> 사람이 감당할 시험 밖에는 너희에게 당한 것이 없나니 오직 하나님은 미쁘사 너희가 감당치 못할 시험당함을 허락지 아니하시고 시험당할 즈음에 또한 피할 길을 내사 너희로 능히 감당하게 하시느니라 고전 10:13.

2003년 12월 17일

아침에 병원에 오니 카운슬러가 우리를 기다리고 있었다. 부드러운 인상의 노인은 이 병원에서 거의 평생을 근무했다고 하는데 자신은 이런 일만 담당한다고 말했다.

그의 오랜 경력이 말해 주듯 우리의 심적 불안을 훤히 들여다보고 있는 듯하였다. 그리고 우리가 미처 하지 못한 질문들까지도 다 헤아려 설명해 주었다.

우리는 J. J.가 깨어나서 감당할 수 있을까 하는 의문과 어떻게 그 고통을 헤쳐 나갈지 암담하기도 했었다. 하지만 그의 말이 이곳에서는 단계적인 프로그램이 있어 용기도 주고 상담도 해주며 혼자 일어설 때까지 병원에서 도와주니 너무 염려하지 말라고 우리를 안심시켰다.

　프로그램 중의 하나는 재활에 성공한 사람들이 병원에 와서 자신이 겪었던 일들을 같이 나누며 혼자 설 수 있을 때까지 친구가 되어 준다는 것이었다.

　이 프로그램에 참여하는 사람들은 모두가 자진해서 하는 것이라는 말을 들으니 더욱더 감동이 왔다. 여태 나만을 위해 살아온 나 자신이 너무도 부끄러웠다.

　나는 살아오면서 장애인에 대하여 크게 관심을 가지지 않았는데, 이제 내 아들이 장애인이 된다고 생각하니 모든 장애인에게 온통 관심과 사랑이 갔다.

　병원에서 휠체어를 타고 지나가는 사람을 보면 예사로 지나쳐 지질 않았고, 그들이 다시 재활하여 일어설 때까지 얼마나 오랜 인고의 세월을 보내 왔을까 하는 생각이 들어 마음속으로 그들을 향해 격려의 박수를 보냈다.

　하나님은 나에게 새로운 세계를 열어 보여 주셨다. 순간적인 사고로 또는 태어나면서부터 장애인으로 살아가는 사람들에 대하여 깊이 관심을 가진 일이 없을 뿐 아니라 더구나 우리에게도 닥칠 수 있는 일이라고 전혀 생각해 본 일조차 없었다.

　나는 무관심으로 일관하며 나의 이웃이며 나의 지체이기도 한 주위의 고통받는 사람들을 외면하고 살았던 지난 생활에 대해 많이 반성하게 되었다.

　하나님은 편협하고 오만한 마음의 장애인이었던 나 자신을 발견하게 하여 주셨다.

　앞으로 살아가면서 장애인에게 더욱 관심과 사랑을 베풀리라 마음먹었다.

　이 세상에서 그 애를 지켜 줄 사람은 우리 둘밖에 없다는 생각에 그 어느 때보다 한 몸이 되어 둘이서 힘을 합해 기도하고 서로를 격려하였다.

　그러면서 그 애가 혼자 일어설 때까지 우리가 지치지 말아야 할 터인데 하는 생각에 비타민도 열심히 챙겨 먹고 우리의 건강을 위해서도 많이 노력하였다.

2003년 12월 18일

　아침 9시에 면회 시간이 되자마자 우리는 병실로 들어갔다. 밤사이 J.J.를 돌보고 있던 간호사로부터 간단한 보고를 들은 다음 J.J.와 함께 10시까지 있다가 간호사들 교대하는 시간이 되어 병실 밖으로 나왔다.

　1층 중앙 통로 옆에 마련해 놓은 분수대 옆 벤치에 앉았다. 내 마음 속에 있는 상념들을 송두리째 가져가기라도 할 듯 물을 힘차게 빨아

들었다가 이내 다시 토해 내며 내려오는 물줄기를 바라보노라니 희망과 절망이 끝없이 반복되는 내 마음을 보는 듯하였다.

오늘은 J. J.의 얼굴에 붓기가 많이 빠져 낯익은 내 아들의 모습을 하고 있었다.

끝이 보이지 않던 하루 하루, 질식하여 죽을 것만 같던 암담한 시간 가운데서 오늘도 그 애를 만지고 바라볼 수 있다는 건 하나님의 은혜라는 감사한 생각이 들었다. 우리는 붕대를 감은 그 애의 다리에 굿 나이트 키스를 하고 병원을 나왔다.

호텔 방으로 돌아와 나는 매일같이 우리에게 힘이 되었던 하나님의 말씀들을 영어 성경으로 보면서 적기 시작하였다. 그 애가 일어나면 같이 그 말씀들을 묵상하고 싶었기 때문이었다.

두려워 말라 내가 너와 함께함이니라 놀라지 말라 나는 네 하나님이 됨이니라 내가 너를 굳세게 하리라 참으로 너를 도와주리라 참으로 의로운 오른손으로 너를 붙들리라 사 41:10.

오늘 저녁 이 말씀은 나에게 무한한 위로와 감사의 눈물을 다시 한 번 가져다 주었다. 흐느끼는 내 가슴속에 그분의 나를 향한 아픈 사랑도 스며들었다.

나의 깊숙한 곳에 뭉쳐 있던 응어리들이 다 터져 버린 듯 가슴속에서 한없이 눈물이 솟아오르며 흘러내렸다. 그 눈물은 슬픔과 위로와 기쁨이 범벅이 되어 밤새도록 흐르며 내 마음속을 정화시키고 마음의 밑바닥이 다 보이도록 씻어 내려 나의 영혼이 한결 깨끗해진 느낌이 들었다.

하나님이 나를 진정 긍휼히 여기시는 것이 마음으로 느껴지며, 그분은 나를 잊지 않고 지켜 주실 것이라는 확신이 빈 마음을 채우기 시작하였다.

"하나님, 오늘밤도 그 애를 지켜 주세요." 나는 하나님께 J. J.를 맡기고 새벽녘에 깊은 잠에 빠져 버렸다.

나는 주께 의지하고 말하기를 주는 내 하나님이시라 하였나이다 시 31:14.

2003년 12월 19일

J. J.가 병원에 들어온 지도 벌써 열흘이 되었다. 그 동안 우리는 수없이 좌절하고 넘어지면서 빛이 보이지 않는 터널 속을 걸어온 것 같았다. 그러나 한 가지 분명한 것은 그 어두운 절망의 터널 속에서 우리는 하나님만 바라보고 의지하고 살았다. 또한 온전히 모든 것을 맡기지 못하면서도 그분의 인도 없이는 우리 힘으로 그 캄캄한 터널 속에서 한 발자국도 앞으로 나아갈 수 없다는 사실을 깨달은 것이었다.

오늘은 하루 종일 J. J.의 컨디션이 좋은 편이었다. 열도 많이 내린 것 같아 우리의 마음도 한결 안정이 되었다. 나는 물수건으로 몸의 부분 부분을 닦아 주었다. 수염이 까뭇까뭇하게 자라 면도를 해주고 싶었지만 그것은 좀 무리인 것 같아 참아야만 하였다. 그리고 집에 다녀와도 괜찮을 것 같아 우리는 짐을 다시 챙겨 돌아오기로 하고 떨어지지 않는 발걸음을 떼며 집을 향해 떠났다.

밖은 이미 어두워져서 하늘 높이 떠 있는 별들이 보였다. 날씨는 별로 춥지가 않고 푸근한 편이었으며, 집집마다 꾸며 놓은 크리스마스 장식용 오색 전구들이 까만 허공에서 온갖 모양을 따라 아름답게 빛나고 있었다.

엷은 주홍빛을 띠면서 떠 있는 달도 마치 하나님이 내려놓은 장신구처럼 하늘에 매달려 아름답게 빛을 발했다.

집으로 돌아오자마자 간호사에게 전화를 걸어 J. J.의 상태를 물어보았다.

우리가 떠난 뒤로 계속 열이 내려가고 있다고 해서 안심이 되었다.

이제는 이 상태에서 악화되지 않는 것만도 다행이라는 생각이 들며 오늘 하루도 우리와 함께해 주신 하나님께 감사의 기도를 드렸다.

2003년 12월 20일

벌써 여러 날 J. J.한테 가서 지내느라 우리 두 사람은 일을 하러 가지 못했다. 존은 회사에서 한 달간의 휴가를 주어 당분간은 식장 걱정을 하지 않아도 되었다. 내가 일을 하는 가게에는 세 사람이 일해야 하는데 나가지 못하고 있으니 두 사람이 얼마나 바쁘고 힘들까 하는 생각에 미안하고 마음이 편하지 않았다.

존은 아침 일찍 병원으로 떠나고 나는 오늘 하루 일을 하고 저녁 때 현수와 함께 병원에 가기로 하였다. 가게에 나가 일을 하고 있는데 오후 2시쯤 존에게서 전화가 걸려 왔다. 그저께 장시간에 걸쳐 수술을 해서 그런지 지금 상태가 좋지 않은 것 같으니 당장 떠나서 병원으로 오라는 말이었다.

나는 또 한번 그 자리에서 무너지고 말았다. 다리에 힘이 없어 그 자리에 주저앉아 산 넘어 산이라는 말을 떠올렸다. 나는 어리석게도 산을 넘었다고 생각하였으며 이제 그 산 위에서 살아남을 길만 찾으면 된다고 생각하고 있었다.

목숨을 살리기 위해 다리까지 포기했는데 왜 좋아지지가 않는 것인지 알 수가 없는 노릇이었다.

운전을 하고 집으로 돌아오는 길에 다리에 힘이 빠져 브레이크를 밟는데 진땀이 흘렀다. 집으로 돌아와서 소파에 간신히 누웠다. 하지만 마음과 몸이 어찌할 줄 몰라 벌벌 떨고 있는데 이 목사님이 전화를 하셨다. J. J.의 안부를 묻는 전화였다.

목사님은 모든 죽고 사는 것이 하나님께 달렸으니 믿고 맡기자는 말씀을 하셨다. 나는 약한 믿음을 자책하며 테이블 위에 있는 성경책을 펼쳤다.

시편 55장이 눈앞에 들어왔다.

하나님이여 내 기도에 귀를 기울이시고
내가 간구할 때에 숨지 마소서
내게 굽히사 응답하소서
내가 근심으로 편치 못하며 탄식하오니
이는 원수의 소리와 악인의 압제의 연고라
저희가 죄악으로 내게 더하며
노하여 나를 핍박하나이다
내 마음이 내 속에서 심히 아파하며
사망의 위험이 내게 미쳤도다
두려움과 떨림이 내게 이르고
황공함이 나를 덮었도다
나의 말이 내가 비둘기같이 날개가 있으면
날아가서 편히 쉬리로다.

나는 "나의 말이 내가 비둘기같이 날개가 있으면 날아가서 편히 쉬리로다"라는 6절까지 읽으며 어느새 엉엉 울고 있었다.

오후에 남동생 현수와 함께 병원을 향해 떠났다. 병원으로 가면서 현수는 J.J.가 힘들지 않도록 우리 모두 J.J.의 발이 되어 주자면서 자신도 J.J.의 발이 되어 더 열심히 뛰겠다고 울먹이는 목소리로 말하였다. 동생은 세탁소를 하고 있는데 J. J.는 머리로, 자신은 발로 더 열심히 뛰면서 세탁소라도 같이하면 되니까 앞날은 너무 걱정하지 말라고 계속해서 나를 위로해 주었다.

나는 이 세상에서 제일 아름다운 것이 하나님이 주신 사람의 마음이라는 생각이 들었다.

병원에 도착하니 존이 입구에서 기다리고 있었다. 우리 두 사람을 보더니 활짝 웃으며 맞아 주었다. 오늘 아침보다는 J. J.가 많이 좋아지고 지금은 열도 없이 좋은 상태라고 하면서 몇 시간 사이에 일어난 변화를 말해 주었다. 존은 하루 종일 마음고생이 심했던 듯 얼굴이 몹시 초췌해 보였다.

2003년 12월 22일

오늘은 맑은 겨울 공기를 마시며 모처럼 여유를 가지고 천천히 걸어서 병원으로 왔다. 우리는 잠깐 채플에 들러 기도한 다음 J. J.를 만났다. 평온해 보이는 그 애의 손을 잡아 보고, 오늘도 살아서 숨쉬며 서로를 바라볼 수 있다는 것이 얼마나 큰 하나님의 은혜인지 감사함 속에 진한 행복이 가슴을 벅차게 하였다.

오후 5시쯤 아일린Eileen, 짐Jim 부부와 딸 케이틀린Caitlin이 다녀갔다. 이 부부는 한국 아이인 케이틀린을 입양해서 키우는 미국인인데 아주 착하고 좋은 사람들이다. 특히 아일린은 나와 감성이 비슷하고 마음이 여린 점이 많이 닮아 서로 마음이 통하는 좋은 친구이다. 우리 두 사람은 똑같이 눈물이 많은 편이라 가끔은 서로 주변 사람이나 어려운 사람들 이야기를 하다가 감정을 주체하지 못해 눈물을 흘린 적도 몇 번이나 있었다.

사람의 마음은 인종이나 언어를 초월하여 가슴이 통하면 전해 오는 것을 알 수 있었다. 그 두 사람은 우리를 위로하며 J. J.를 앞으로 자식같이 생각하고 무엇이든 자신들이 할 수 있는 것은 최선을 다해 끝까지 도와주겠다고 약속하며 몇 번이나 다짐하였다. 그들은 우리에게 가족을 얻은 것과 같은 든든함을 주었다.

밤 10시까지 J. J.를 지켜보다 호텔로 돌아왔다. 어저께 집에 다녀오면서 크리스마스 때 가까운 친지들에게 주려고 사 놓았던 선물을 가지고 왔는데, 나는 선물들을 바닥에 쭉 늘어놓고 포장을 하기 시작하였다. 간호사들과 의사 한 사람 한 사람을 머릿속에 떠올려 가며 크리스마스카드에 몇 자라도 적어서 고마움을 표했다.

그들을 향한 조그만 감사의 표시이기도 하지만 이 작은 것을 통해 예수의 사랑을 전하고 싶은 마음의 충동이 일어났기 때문이었다. 의사와 간호사들 중에 믿지 않는 사람들도 있었는데, 나는 뭐라고 쓸까 망설이다가 고맙다는 말과 함께 "하나님의 사랑이 함께하시기를"이라고 적었다. 그리고 나는 진심으로 그들이 삶 속에서 하나님의 사랑을 체험하며 하나님의 은총이 함께하기를 기도하였다.

2003년 12월 23일

　나는 간호사들 대부분에게 세심한 부분까지 신경을 써 주어서 고맙다고 몇 번씩 인사를 하곤 했다. 그 중 두 명은 나를 만나면 항상 안아 주고 격려해 주며 안타까운 마음을 보여 주었다.
　나는 갑자기 심미안을 가진 것처럼 사람들의 마음을 들여다볼 수 있는 마음의 눈이 열린 것 같은 착각이 들었다. 사람들을 마주 대하고 있으면 별말이 없어도 마음이 전해 오는 것을 느낄 수 있기 때문이었다. 누구든지 긍휼한 마음을 가진 사람들이 너무 아름답고 복되다는 생각이 들었다.
　J. J.는 오늘도 깨어나지 못한 채 잠을 자는 듯하였으나 가끔씩 의식이 있는 듯 팔을 조금씩 움직이기도 하고 눈을 떠 보려고 애를 쓰기도 하였다. 눈가가 약간 빨갛게 부어 올라서 연고를 발라 주었다. 얼굴도 살살 닦아 주었다.
　오늘은 내 말을 알아들을 정도로 의식이 있는 것 같은 생각이 들어서 J. J.에게 "내 말이 들리거든 잠시 눈을 떠 보거라."고 말하였다. 그 말이 끝나자 J. J.가 정말 보기에도 힘든 모습으로 몇 번이고 눈을 떠 보려고 노력하더니 드디어 몇 초 동안 나에게 눈을 떠 보였다. 그리고 그 애의 눈에서 눈물이 흘러내렸다. 그 한 번의 움직임이 얼마나 힘들어 보였는지 모른다. 아마 그 아이에겐 사력을 다한 투쟁이 아니었을까 하는 생각이 들었다.

나는 그 애가 가지고 있는 에너지를 다 쏟아 나에게 보여 준 그 작은 사랑의 몸짓에 너무도 마음이 아프고 고마워 눈물이 났다.

그 애의 눈물은 나에게 무언의 말을 하고 있었다. "엄마, 사랑해요!"라고.

시련의 골짜기에서

크리스마스
마지막 키스
새로 생긴 버릇
위로부터 오는 평안
새봄은 찾아오고
꿈속의 포옹

크리스마스

내가 여호와의 집에 영원히 거하리로다 시 23:6.

2003년 12월 24일

오늘 아침에 J. J.를 면회하기 전에 담당 의사를 만날 수 있었다. 우리는 지금 현재 상태를 좀더 자세히 알고 싶으니 대답해 달라고 간청하였다. 아직도 박테리아가 어디서 오는지 찾아내지 못했느냐고 물었더니, 정확히 어디서 오는지를 찾기 힘들다며 최선을 다해 여러 가지 가능성을 타진해 보고 있다고 말하였다.

튜브들도 새것으로 갈아 보고 배를 다시 한번 컴퓨터 단층 촬영 CAT scan 해볼 것이라고 하며 결과가 나오는 대로 즉시 알려 주겠다고 했다. 우리는 의사의 말 한마디 한마디, 간호사들의 동작 하나 하나도 놓치지 않고 주의 깊게 보며 그때 그때 궁금한 것이 있으면 물어보곤 하였다. 그들은 매우 친절하게 언제나 최선을 다해 대답해 주었다.

그러나 어느 한계를 지나선 의사나 간호사도 자신들이 정확히 알지 못하는 것들이 너무 많다고 솔직히 대답해 주었다. 신이 아닌 인간이 어찌 미래를 짐작이나 하겠는가!

그들에게서 대답을 얻어 내려고 발버둥을 치는 나의 모습이 참으로 안타깝게 생각되었다. 그들이 순간순간 최선을 다해 주는 것만으로도 고마울 따름이었다.

매년 크리스마스이브에는 J. J.가 크리스마스트리 옆에서 자기 이름이 적힌 선물을 흔들어 보기도 하고 어떤 때는 우리에게 주려고 산 선물을 몰래 가지고 들어오느라 너무 티를 내다가 들켜 버린 적도 있었다. 그럴 때면 그 애 특유의 어린아이같이 천진한 웃음소리로 우리를 행복하게 해주곤 하였다. 행복했던 날들의 여러 가지 일이 머릿속을 스치면서 어느새 내 입가에 나도 모르게 미소가 떠올랐다. 크리스마스의 즐거운 기억들은 더욱더 현실을 쓸쓸하게 만들었다.

우리는 침대 양쪽에서 J. J.를 들여다보며 앞으로의 계획을 얘기해 주었다. J. J. 방에 TV도 새것으로 사 주고 컴퓨터도 새것으로 사 주겠다고 약속했다. 그리고 의족도 이 세상에서 제일 편하고 좋은 것으로 해줄 것이며 그 애가 하기 싫어하던 청소도 당분간은 시키지 않겠다고 약속했다. 이런 저런 이야기를 하며 울다 웃다 보니 벌써 간호사들이 교대할 시간이 되었다.

저녁 7시 30분에 우리는 병원 안에 있는 채플로 예배를 보기 위해 내려갔다. 채플에 들어서니 목사님이 반갑게 맞아 주었다. 우리 부부와 여자 두 명 이렇게 넷이서 잠시 앉아 있는데 한 부부가 두 아이와 그들의 부모인 듯한 노인 한 명을 데리고 들어왔다. 그 가족은 21년 전 남편이 교통사고가 나서 이 병원에 입원했는데 의식 불명으로 오랫동안 깨어나지 못하고 있었다고 하였다. 그러다가 크리스마스이브에 의식이 돌아왔다고 했다. 그때의 그 감사와 감격을 잊지 못해 그 후부터 21년간 한번도 빠지지 않고 온 가족이 이곳으로 예배를 보러 오게 되었다고 목사님이 이유를 설명하였다.

이곳 병원에서 드리는 크리스마스 예배는 근처에 계시는 목사님들과 가끔은 은퇴한 목사님들이 돌아가면서 봉사한다고 하는데, 조용히 간증을 듣고 계시던 목사님이 감동스럽다며 그 가족 모두에게 축복 기도를 해주셨다. 목사님은 우리의 기도 제목도 물으셨다. 그러고는 우리를 위해서도 간절히 기도해 주셨다.

몇 명 안 되는 사람들이 간절한 마음으로 서로를 위해 기도하며 주님이 우리 모두의 가슴을 열어 한마음으로 예배드릴 수 있게 해주심도 감사하였다. 병원 안 조그만 채플에서 우리의 마음을 다해 드린 이 잊을 수 없는 아름다운 예배를 하나님은 분명 기뻐 받으셨을 것이라고 느꼈다.

이 순간만은 "내가 너희를 사랑한 것같이 너희도 서로 사랑하라"

는 예수님의 말씀을 실천하고 있다는 생각이 들었다.

예배가 끝난 후에 목사님이 J.J.가 입원한 병실이 몇 호냐고 물으셔서 알려 드렸다. 병실에 올라온 지 얼마 안 되어 목사님이 일부러 오셔서 우리 부부의 손을 잡으시고 J.J.를 위해 기도해 주셨다.

오늘같이 외롭고 쓸쓸한 밤에 하나님은 우리를 위해 낯선 목사님을 보내 주셔서 손을 잡아 주시고 위로해 주셨다. 우리는 이 거룩하고 고요한 밤에 하나님이 주신 위로의 손길을 느끼며 은혜가 충만한 밤을 보냈다.

하늘에서 한량없이 내리는 은총이 온 누리를 덮고 우리의 마음속에도 한없이 쌓여만 갔다.

2003년 12월 25일

아침에 면회 시간이 되자마자 병실로 들어섰다. 오늘이 크리스마스인데 J.J.는 여전히 잠꾸러기처럼 깨어나지 않았다. 나는 그 애의 이마에 키스하며 "Merry Christmas!" 하고 애써 명랑하게 말하였다. 그리고는 "God Bless You!"라고 그 애의 귀에 대고 간절히 수없이 말하였다.

오후가 되니 동생들이 조카들을 데리고 크리스마스를 같이 보내려고 먼 곳에서 찾아왔다. 어린 조카들은 자기들과 항상 놀아 주던 J.J.가 지금은 많이 아파 이층에 있으며 오늘은 만나 볼 수가 없다고 하자 놀란 눈으로 우리를 쳐다보았다.

　우리는 아이들이 놀랄까봐 병실에는 데리고 올라가지 않기로 하였다. 다들 먼저 올려 보내고 나는 아래층에서 아이들을 지키고 있었는데 모두 오랜만에 만난 사촌끼리 노느라고 정신이 없었다. 아이들이 뛰어노는 것을 보니 어둡던 마음이 조금 밝아지며 크리스마스 같은 생각이 들었다.

　병실에 있기는 너무 좁아 다들 호텔방으로 가기로 하였다. 조그만 호텔방에 꽉 차게 들어가 앉으니 아이들은 신이 나서 야단이었다. 새삼 가족이라는 울타리가 소중하다는 생각이 들며 아픔을 같이 나누기 위해 먼 길을 달려온 형제들에게 고마운 마음이었다.

　우리는 방에서 모두 둥그렇게 손을 잡고 둘러서서 J. J.를 지켜 주시기를 원하며 애통하는 마음으로 간절히 기도드렸다.

　동생들이 마련해 온 음식을 먹으며 모처럼 웃기도 하고 이야기도 나누며 즐거운 시간을 보냈다. 우리와 함께 하루 더 머물겠다는 동생들을 간신히 돌려보내고 호텔부터 병원까지 걸어왔다.

　희뿌연 하늘이 암울한 미래를 암시하듯 가랑비를 뿌리며 더욱더 어두워져 가고 있었다.

　크리스마스! 모든 인류의 죄를 짊어지시고 죽을 수밖에 없는 인생들을 구원하시기 위해 이 땅에 오신 분! 인간의 상상과 한계를 초월한 하나님의 사랑에 가슴이 벅차올랐다. 이 땅에, 온 인류에게 축복이 임한 날! 이 축복된 날에도 여전히 거리에는 홈리스Homeless들이 있었다. 길 건너편 모퉁이에 홈리스들이 있는 것이 보였다. 나는 일부러 길을 건너가서 앞으로 남은 그들의 생애가 좀더 복되기를 기도하는 마음으로 한 사람도 빠뜨리지 않고 조금씩 돈을 손에 쥐어 주었다.

하나님이 주신 귀한 생명인 그들 한 사람 한 사람이 예사로 보이지 않았다. 왜냐하면 한 생명이 얼마나 소중하고 귀한 것인지를 나는 이제 확실히 알기 때문이었다.

지구라는 공동체 안에서 내가 만날 수 있는 사람은 정말 몇 명밖에 안 되는 적은 숫자인데, 이제부터 살아가는 동안 나의 주위 사람들을 더욱더 사랑하리라 마음먹었다.

나는 허공을 향해 손을 높이 올려 보았다. 하나님이 나의 손을 영원히 잡아 주시길 간절히 원하고 원하며…….

하나님이 어두운 하늘가에서 말없이 침묵하시며 나를 내려다보시고 계신 것 같았다.

2003년 12월 26일

오후에 이상록 목사님, 김명덕 전도사님 그리고 여러 친구들이 찾아와서 병원 안에 있는 채플에서 목사님의 인도로 예배를 드렸다.

가라사대 너희가 너희 하나님 나 여호와의 말을 청종하고 나의 보기에

> 의를 행하며 내 계명에 귀를 기울이며 내 모든 규례를 지키면 내가 애굽 사람에게 내릴 모든 질병의 하나도 너희에게 내리지 아니하리니 나는 너희를 치료하는 여호와임이니라 출 15:26.

목사님이 이 말씀을 가지고 설교해 주셨고 우리 모두가 아멘으로 받으며 마음에 새겼다.

앞으로 진정 나의 길을 선하게 인도하시는 하나님의 섭리를 믿고 따르리라 결심하였다. 우리는 한마음으로 통성으로 하나님께 간구하며 기도를 드렸다.

바쁜 중에도 먼 곳에서 찾아와 준 교역자들과 친구들이 너무 고마웠다. 그들이 남기고 간 사랑과 위로 속에 다시 한번 교회라는 공동체가 나의 삶 속에 소중하게 자리 잡고 있음을 알았다.

연말이 다가오니 병원 안에 방문자들도 많아지고 모두 마음이 바쁜 듯 분주하게 오가는 모습들이 보였다. 마음이 좀 쓸쓸하였지만 함께 동행하여 주시는 하나님은 이 고난과 시련 속에서 언젠가는 나를 이끌어 내시어 푸른 초장으로 인도하시리라 생각하니 마음 한구석에 평안함이 찾아오는 것을 느낄 수 있었다.

2003년 12월 29일

매일 아침 잠에서 깨어나면 잠시나마 J. J.가 의식을 찾아 우리를 맞아 줄 것만 같은 환상에 젖어 보곤 하였다. 그리고 혹시나 하는 마음을 가지고 병원에 도착해 조심스러운 마음으로 J. J.가 있는 병실로 들어서면, 언제나 그랬듯이 똑바로 누워서 잠을 자고 있는 듯한 아들의 모습이 눈앞에 들어왔다.

기적을 바라며 꿈 같은 일을 기대하던 마음이 냉혹한 현실을 받아들이며 현실로 돌아오는 데는 긴 시간이 걸리지 않았다. 오늘은 누워 있는 그 애의 모습을 바라보면서 왠지 투병생활이 길어질 것만 같은 생각이 들었다.

우리는 이제 병원과 호텔에서 지내는 일이 매우 익숙해졌다. 아침에 일어나 호텔에서 세 블록 정도 걸어와서 병원에 도착하면 병원 안에 있는 채플에서 조용히 기도드린 다음 식당에서 간단히 아침을 먹었다. 그리고 면회 시간을 기다리면서 성경을 읽거나 낯익은 환자 가족과 서로의 안부를 물으며 이야기를 나누곤 하였다.

병원에는 환자 가족들의 편의를 위해서 모든 문제를 도와주고 상담해 주며 심지어 목사님, 신부님 또는 다른 종교의 성직자들과도 미리 연락만 해주면 언제든지 만나서 기도나 상담 등을 할 수 있었다. 카운슬링을 해주는 상담자들도 원하기만 하면 만날 수 있고 각국 나라 통역관들도 원하기만 하면 불러다 주었다.

아침나절에 언젠가 한번 만난 적이 있는 상담자가 우리를 찾아왔다. 그는 어떻게 지내고 있는지를 자세히 물은 다음 J. J.의 상태가 호전되면 우리가 사는 곳에서 가까운 병원으로 옮겨 줄 생각이라고 말하였다. 그리고 J. J.가 깨어날 때를 대비해서 교통사고로 다리를 잃고도 지금은 재활에 성공하여 활기찬 삶을 살고 있는 사람을 미리 연락해 두었다고 했다. 언제든지 J. J.가 일어나기만 하면 그 사람이 충격을 이겨 내고 적응할 때까지 꾸준히 도와줄 것이라고 하였다.

나는 참으로 치밀하고 세부적으로 잘 짜여진 프로그램에 감탄하지 않을 수 없었다. 좋은 병원에서 치료받게 됨을 다시 한번 감사하였다.

우리가 사는 곳 가까이 있는 병원으로 옮긴다는 생각만 하여도 마음이 편안해짐을 느끼며 하루속히 그렇게 된다면 얼마나 좋을까 하는 꿈에 부푼 기대를 해보았다.

오후에는 오랜만에 집에 돌아와 메일 정리도 하고 옷도 더 챙기고 해서 존은 조금 집에서 휴식을 취한 다음 어둡기 전에 가겠다고 하여 병원으로 다시 돌아갔다. 나는 오늘밤은 집에서 자고 내일 오후에 남동생 현수와 병원으로 가기로 하였다. 그러나 저녁 때가 다 되어서 갑자기 J. J.가 매우 안 좋다는 연락이 왔다. 나는 병원으로 밤늦게 혼자 운전을 하고 갈 자신이 없어 순명이한테 부탁해 둘이서 병원으로 가 볼 생각이었다.

오늘 따라 순명이가 몸이 안 좋아 밤에 운전을 하기는 무리인 것 같았다. 한참을 어떻게 해야 할지 판단이 서지 않아 어쩔 줄을 모르고 있는데 우연히 박은진 사모와 전화 통화를 하게 되었다. 우리가 다급해 하는 것을 알고 박은진 사모가 장성철 목사님에게 연락하여 장 목사님이 함께 가 주시겠다는 연락이 왔다. 우리는 장 목사님이 운전하는 차를 타고 병원으로 오게 되었다. 어려운 부탁을 드린 것 같아 미안하기도 하였지만 한편으론 목사님이 같이 가 주시는 것이 마음이 든든하고 힘이 되었다.

저녁 늦게 병원에 도착하니 존이 우리를 기다리고 있었다. J. J.가 이스트 인펙션Yeast Infection이 있는 걸로 오늘 결과가 나왔다고 하였다. 나는 그 자리에서 할 말을 잃었다. 어디에서 언제 감염이 된 것일까 아무리 생각해도 내가 알아낼 수 있는 일은 아무것도 없었다. 의사들조차 해답을 얻지 못하는 상태였다.

의사들이 우리에게 희망을 주던 그 많은 말이 다 무책임한 말이었는가? 지금 상태는 얼마나 위험한 것일까? 꼬리를 무는 질문에 대한 해답은 없고 갑자기 의사에 대한 신뢰가 무너지며 마음 한구석에 분노가 느껴지기도 하였다. 그러나 하나님의 계획 앞에 인간은 거의 무방비 상태이며 오직 열심을 다해 간구하는 길밖에 아무것도 없음을 나는 잘 알고 있었다.

항상 온화하고 정중한 장 목사님이 나약하고 믿음이 약한 나를 위하여 가끔은 인간에게 이해가 잘 안 되는 방법으로 하나님이 하시는 일에 대해서 차분히 알아듣기 쉽게 설명해 주셨다. 말 한마디 한마디에 따뜻하고 진실한 마음이 배어 나왔다. 목사님의 말을 들으며 조금씩 마음의 평정을 되찾기 시작하였다.

 오늘은 밤이 너무 늦어 목사님이 집으로 돌아가시기가 힘들 것 같아 나는 병원 근처 호텔에서 하룻밤 주무시고 내일 아침 일찍 떠나시라고 권하였다. 목사님이 그러면 그러자고 해서 순명이와 목사님을 위해 호텔에 방을 두 개 더 얻었다. 장성철 목사님은 목사님이 되시기 전 한 구역원으로 오랫동안 알고 지내던 터라 마음이 편했다. 그리고 기도 후원자가 옆에 있다고 생각하니 마음이 든든하고 위로가 되었다.

 나는 오늘밤 왠지 J. J. 곁에 있고 싶어서 내일 아침 존과 교대하기로 마음먹었다. 존이 호텔로 가지 않고 나와 같이 병원에 남겠다는 걸 억지로 설득해 세 사람을 모두 호텔로 보냈다. 원래는 10시 이후에 병실에 있을 수가 없는데 J. J. 상태가 좋지 않고 내가 하도 사정을 하니 간호사도 부탁을 순순히 들어주었다.

 J. J. 심장이 밤새도록 불규칙하게 뛰었는데도 나는 얼마나 우둔하고 미련한지 그 애가 내일 이 세상을 떠날 것이라고는 상상도 못하고 있었다. 나는 밤새도록 그 애를 닦아 주고 귀에다 대고 성경 구절을 읽어 주었다. 또 가끔은 작은 소리로 찬송가도 불러 주었다. 그 애의 눈에서 가끔씩 눈물이 흘러내렸다.

 하나님이 왜 나에게 이토록 가슴이 찢어지는 듯한 아픈 사랑을 하게 해주시는지 그 이유를 알 수 없었으나 온 힘을 다해 끝까지 매달리며 기도하였다. 하나님은 나에게 밤새도록 쉬지 않고 기도와 찬송을 할 수 있는 힘을 부어 주셨다.

나는 밤새워 그 애의 영혼을 불쌍히 여겨 달라고 눈물로 간구하였으며, 눈물이 흐르는 J. J.의 얼굴에 내 얼굴을 갖다 대었는데 우리의 얼굴은 눈물로 범벅이 되어 흐르고 또 흘렀다. 돌이켜 보면 그것은 천국을 향한 예배가 아니었던가 하는 생각이 들었다. 하나님은 J. J.를 천국으로 데려가시기 전에 우리 불쌍한 모자에게 하룻밤의 시간을 허락하시어 그 애와 예배를 드릴 수 있게 그 밤을 준비해 두셨던 것이었다.

우리는 밤새 부흥회를 하듯 기도하고 찬송했는데 그 애도 알아들은 듯 눈물을 많이 흘렸다. 그것은 하나님을 향한 회개의 눈물과 우리를 향한 사랑의 눈물이었을 것이다. 나는 아들과 함께 밤새워 하나님께 예배드리며 너무도 행복하고 기쁘며 아프고 슬펐다.

"아! 하나님이시여! 당신의 아들이 이보다 더한 고초를 당할 때 얼마나 마음이 아프셨습니까? 인간은 참으로 악하고 아둔하여 당신의 사랑을 깨닫지 못하고 당신을 십자가에 못 박는 죄를 범하였습니다. 나는 정말 죄인임을 뼈저리게 통감합니다. 그러나 하나님! 나는 마음이 너무 아프고 두려워 견디기가 너무도 힘이 듭니다. 나를 좀 불쌍히 여겨 주세요."

어느새 아침이 되었는지 간호사들이 교대할 채비를 하느라고 밤새 일어난 일들을 적는 보고서들을 작성하느라 분주한 모습이었다. 밤새 J. J.를 간호하던 남자 간호사도 하던 일을 잠시 멈추고 보고서를 작성하느라 의자에 앉아 있었다.

아침 7시쯤 되니 존이 나와 교대를 해주기 위해 병실로 들어왔다. 밤을 꼬박 새웠는데도 정신은 맑고 또렷했다. 그리고 밤새 채워진 충만한 은혜로 내 마음은 기쁨에 차 있었다. 존과 함께 왔는지 장 목사님과 순명이도 돌아오는 길에 복도에서 만났다. 나는 순명이에게 웃어 보이며 목사님과 함께 아침을 먹은 후 떠나라고 말하였다.

호텔로 돌아오니 한꺼번에 피곤이 몰려왔다. 나는 옷을 입은 채로 침대에 쓰러져 깊은 잠에 빠져들었다. 한두 시간쯤 잤을까 전화벨 소리에 깜짝 놀라 잠이 깼다. 전화를 받으니 존이 떨리는 목소리로 J. J.가 안 좋으니 병원으로 지금 당장 와야겠다고 하면서 "어쩌면……어쩌면……"이라고 말끝을 흐렸다.

머리가 핑 도는 듯하며 현기증이 났다. 나는 수화기를 내려놓고 멍하니 한참을 앉아 있었다. 내 아들이 죽을지도 모른다는데 어떻게 이런 일이 일어날 수 있을까? 내 아들이 죽을지도 모른다는데 나는 그곳으로 가야 하나? 나는 병원으로 가지 않고 어딘가 이 세상이 아닌 다른 곳으로 사라질 수만 있다면 사라져 버리고 싶었다. 그렇게 해서

라도 그 애의 죽음을 외면하고 싶었다.

　그러나 그 생각도 순간일 뿐 그 애를 빨리 만나야 한다는 다급한 생각에 미친 듯이 방을 뛰쳐나와 호텔 앞에 서 있던 택시에 올라탔다. 창밖을 내다보니 세상은 어제와 똑같이 사람들로 붐비고 있었다. 갑자기 이 세상에서 나 혼자만 외톨이가 되어 버림받은 것만 같은 생각이 들었다.

　내가 여호와의 집에 영원히 거하리로다 시 23:6.

마지막 키스

헛되고 헛되고 헛되니 모든 것이 헛되도다 전 1:1.

2003년 12월 30일

병실에 도착하니 의사와 간호사, 존, 장 목사님, 순명이 모두 J. J.를 둥그렇게 에워싸고 심장이 매우 불규칙하게 뛰는 기계를 쳐다보고 있었다.

나도 조용히 침대 곁으로 다가가 떨리는 두 다리에 힘을 주고 그 애를 내려다보았다. 우리는 모두 공범자같이 죄책감을 안고 침묵하며 한동안 그렇게 서 있었다. "하나님, 나는 아들과 작별할 수가 없습니다. 이 아이를 식물인간처럼이라도 해서 살려 주시면 안 될까요? 이렇게 얼굴만 보게 해주셔도 감사하며 살겠습니다."

나는 최후의 순간까지 희망 없는 기도를 마음속으로 드리며 하나님께 포기할 수 없다고 떼를 쓰고 있었다. 이것은 이 세상에서 엄마와 아들로 맺어진 그 끈끈하고도 질긴 인연을 연결하고 있는 한 가닥의 희미한 끈이나마 혼신을 다해 잡아 보고 싶은 인간의 마지막 절규였다. 어떻게 해서든지 아들과 내가 이 세상에서 잡고 있는 끈을 내 생명이 다하는 순간까지 놓치고 싶지 않았다. 나는 정말 그 애와 잡은 손만은 내 목숨이 다하는 순간까지 놓을 수가 없었다.

J.J.의 심장이 더욱더 불규칙하게 뛰었다. 나는 그 애의 죽음을 막을 수 없다는 것을 눈으로 보면서도 거의 혼이 나간 상태로 중얼거렸다. "하나님, 내 심장을 J.J.에게 넣어 주시고 제발 나를 데려가세요." 나의 이 말은 튀어나오지를 않고 뜨거운 것이 올라오는 목구멍 속으로 삼켜져 버렸다.

갑자기 존이 나의 손을 움켜잡으며 그 손에 힘이 주어졌다. 그리고 J.J.를 향해 또박또박 간절하게 말했다. "J. J. 더 이상 힘들게 싸우지 말아라. 그리고 천국으로 떠나라. 천국에서 다시 만나자. 나는 꼭 천국으로 가서 너를 만날 것이다. 너와 같이한 시간은 너무너무 행복했다. 정말 너를 사랑한다."

아들의 손등에 존의 굵은 눈물이 뚝뚝 떨어졌다. 어떻게 부모가 되어서 우리의 생명이 다하기 전에 아들이 숨을 거두는 걸 지켜볼 수가 있을까! 그러나 우리는 그 애의 생명을 1초도 연장시킬 수 없는 그저 무력한 인간이었다.

  인생이 이렇듯 허망한 것이거늘……. 아들에게 한 아버지의 마지막 말이 떨어지자마자 거짓말같이 그 애가 숨을 거두었다. 불규칙하게 뛰던 심장이 멈추며 모니터에 평행선이 나타났다. 나는 모니터를 지켜보다 온몸으로 그 애를 감싸며 J. J.의 심장에 얼굴을 묻었다. 나의 두뇌도 뇌사를 한 사람처럼 아무런 생각조차 떠오르지 않았다. 그저 멍하니 백지 상태였다.

  나는 그 애의 부은 듯한 얼굴에 마지막 키스를 했다. "J. J. 이것은 마지막이 아니다. 우리는 꼭 다시 만날 것이다. 고통 없는 하늘나라에서 잘 지내고 있어라. 이 세상은 그렇게 길지가 않다. 나는 잠시 이곳에 머물다가 네가 있는 곳으로 갈 것이다. 꼭 갈 것이다." 나는 그 애의 귀에다 대고 이렇게 말하며 얼굴을 다시 아들의 가슴에 묻었다. 그 애의 체온은 아직도 따뜻한데 왜 심장은 뛰지 않는 것일까…….

  의사가 와서 죽음을 확인하고 사인해 주어야 J. J.는 장의사에서 데리고 갈 수가 있다고 하였다.

  우리는 의자에 앉아 J. J.를 바라보고 있었는데 그 애가 죽었다는 것이 별로 실감이 나지 않았다. 그저 현실을 인정하고 싶지 않아서인지 엉뚱한 생각들이 나의 머릿속을 떠나지 않았다. 나는 의자에 앉아 그 애를 바라보면서 자꾸 어디로든지 데리고 도망치고 싶다는 생각을 계속하였다. 세상의 허례허식을 무시하고 그 생각을 강행하고 싶은 강한 충동을 느꼈다. 하나님이 지금 나도 데려가셨으면 하는 막연한 생각을 하기도 했다. 모든 것이 다 부질없다는 생각뿐이었다.

지금 일어난 일이 현실이 아닌 어느 다른 공간에서 일어난 것 같았고 나는 마치 감정을 마취당한 사람처럼 멍하니 아무것도 느끼지 못하고 그렇게 빈껍데기로 그곳에 널브러져 오랫동안 앉아 있었다.

장성철 목사님이 우리 교회 장례 관계 일을 보시는 분이라 모든 것을 알아서 해주셨다. 이용걸 목사님이 연락하여 마침 이 근처에서 시무하시는 김선만 목사님이 오셔서 간단히 예배를 드려 주셨다. 의사의 사인을 기다리며 그곳에 한 시간쯤 있다가 우리는 아들을 병원에 놓아 둔 채 집으로 돌아왔다. 이제부터는 우리 교회가 관계하는 장의사가 그곳으로 가서 의사의 확인이 끝나고 모든 서류 절차를 마친 다음 우리가 있는 이곳으로 그 애를 데리고 올 것이라고 한다. (아들은 이제 이 세상에 없다.)

돌아오는 차 안에서 이제는 그 애를 볼 수도 만질 수도 없다고 생각하니 갑자기 다시 돌아가 그 애를 보고 싶은 충동을 참느라 안간힘을 써야 했다. 존에게 차를 돌리라고 몇 번이고 말을 하려다 간신히 참았다. 오늘도 수없이 많은 차들이 줄을 지어 어디론가 오고 가고 있었다. 모두들 바쁘게 움직이는 것이 보였다. 인간은 하찮은 존재에 불과한 것이거늘 한 치 앞도 모른 채 무엇을 위해 그토록 발버둥을 치는 것일까……

헛되고 헛되고 헛되니 모든 것이 헛되도다전 1:1.

내 머릿속에서 맴도는 말은 오직 이 한마디뿐이었다.

나는 이미 이 세상에 속한 사람이 아닌 것 같은 생각이 들었다. 창밖에 보이는 풍경들도 나에게 아무런 의미가 없었으며, 이 세상에서 다시는 그 애를 볼 수 없다는 절망감, 상실감 그리고 허망함 때문에 나의 가슴은 구멍이 난 것처럼 뻥 뚫린 느낌이었다.

집으로 돌아와서 가슴이 터질 것 같아 마당에 나와 서성거렸다. 내 육체는 빈껍데기로 모습만 유지한 듯 유령처럼 서 있는데, 찬바람이 뚫고 지나가는 듯 가슴이 서늘해지며 시려 왔다. 집안으로 들어와 앉아 있어도 구멍이 숭숭 뚫린 듯 가슴을 통과하는 바람 소리들이 하루 종일 윙윙 소리를 내며 내 가슴을 두드렸다.

2004년 1월 1일

예전 같으면 모두들 우리 집에 모여 설날 음식을 먹으며 웃고 떠들며 즐거워야 할 시간에 우리는 넋이 나간 사람처럼 둘이서 말없이 소파에 비스듬히 앉아 있었다. 동생들도 충격 때문에 어떻게 해야 할지 난감한지 각자의 집에 조용히 있는 듯하였다.

오전 10시가 지나서 박정선 집사님과 홍선표 장로님 내외분이 정성스럽게 음식을 해가지고 오셨다. 하루를 어떻게 보낼지 막연하기만 하던 우리 부부는 잠시나마 큰 위로를 받으며 지낼 수 있었다. 주 안에서 나누는 사랑이 너무도 크고 정겹게 느껴졌다. 나는 이분들의 아름다운 사랑과 배려를 평생 잊지 못할 것이다.

2004년 1월 2일

우리는 생각하기도 싫은 J. J.의 장례식을 준비해야만 했다. 내가 다니는 교회에는 교회 묘지가 있는데 거기는 죽는 사람 순서대로 묻혀 가족 묘지가 따로 없었다. 마침 교회 묘지가 끝나는 바로 옆 자리에 세 사람이 묻힐 땅이 남아 있어 우리는 그 자리를 사기로 하였다. 땅을 사고 보니 우연히도 나의 어머님의 묘지가 있는 곳에서 몇 사람 건너서 같은 줄에 J. J.가 묻히게 되었다. 하나님은 별걸 다 준비해 두셨다 하는 생각이 들어 쓴웃음이 나왔다.

얼떨결에 우리 묘 자리까지 사게 되었는데 J. J.와 함께 있고 싶은 마음으로 우리가 이 세상에 남아서 할 수 있는 것은 그것밖에 없었다. 장의사에서 일하는 사람이 우리를 쳐다보며 물었다. 세 사람의 자리를 어떻게 배치할 것이냐고 하기에 우리는 동시에 "그 애를 가운데에요."라고 대답했다. 우리는 그렇게라도 같이 있고 싶었다.

장의사가 J. J.에게 입힐 옷과 넣어 주고 싶은 물건들을 가지고 오라고 말했다. 그 애에게 입힐 양복을 고르고, 성경책 중에 특히 그 애의 손때가 묻은 성경책 하나를 골랐다. 그리고 그 애가 항상 목에 걸고 다니던 십자가 목걸이, 이번엔 마음에 드는 것을 샀다고 좋아하며 가지고 다니던 핸드폰을 장의사 사무실에 갖다 주었다. 핸드폰을 관 속에 넣어 주면 꼭 그 애가 평상시처럼 "Hi! Mom!" 하며 전화를 걸어 주지 않을까 하는 기대가 생기기도 하였다.

한편으론 내가 서서히 미쳐 가고 있는 것 같은 생각도 들었다.

장례식을 치르기 위해 우리는 그 애의 관을 고르고 묘비에 새길 성경 구절을 정해야 했고 장례식 후에 식사할 장소를 고르는 등 참으로 하고 싶지 않은 많은 일을 결정하여야 했다. 이 세상에서 J. J.에게 해 줄 수 있는 것이 이번이 마지막이라고 생각하니 우리는 거의 이성을 잃고 뭐든지 제일 좋은 것으로 해주고 싶었다.

내일이면 J. J.를 떠나 보내야 한다고 생각하니 오늘만큼은 세상의 관습이나 형식을 훌훌 벗어 버리고 그 애와 하루를 단둘이 보내고 싶었다. 나는 누구에게나 호소하며 "이별할 마음의 준비가 될 때까지 나에게 필요한 시간을 좀 주세요."라고 애원하고 싶었다. 그러나 그 것은 불가능한 일이며 누구도 나에게 그렇게 하도록 허용치 않을 것이라는 것도 잘 알고 있었다.

장례식 전날 밤 워싱턴 메모리얼 파크 Washington Memorial Park 안에 있는 채플에서 이용걸 목사님의 인도로 예배를 보았다. J. J.의 친한 친구들이 자신들의 추억이 담긴 사진들을 가지고 와 게시판에 사진들을 전시해 놓았다. 충격 속에서 할 말을 잃은 J.J.의 친구들이 눈물이 글썽한 모습으로 애통한 마음을 내비치며 서로를 끌어안고 위로하는 모습도 보였다.

무리를 지어 군데군데 모여 선 J.J.의 친구들도 안타깝고 비통한 모습으로 마지막 가는 친구를 지켜보고 있었다. 다들 대학교에 다니느라 집을 떠나 있던 고등학교 동창생 아이들이 겨울방학을 맞아 집에 돌아와 있었던 터라 친하게 지내던 고등학교 동창생들은 거의 다 장례식에 와 주었다. 대학교에서 사귄 친구들도 그 먼 길을 운전하고 와서 참석해 주었다. 존의 직장 동료들과 양쪽 교회 사람들 또 고등학교 선생님들까지 우리를 위로하기 위해 많은 사람이 와 주었다.

J.J.의 1학년 때 룸메이트였던 리처드가 울먹이며 다가와 덥석 나를 안으며 흐느꼈다. 나는 말없이 덩치 큰 그 아이의 등만 쓸어 주었다.

2004년 1월 3일

차갑고 매서운 바람이 부는 메마른 겨울 아침! 차라리 내 가슴도 얼어붙어 아무것도 느낄 수 없도록 차가운 바람에 가슴을 열어 놓고 싶었다.

장지로 떠나기 전 채플에서 간단히 예배를 보고 장례 예배가 끝난 뒤에 이 세상에서 그 애가 잠들어 있을 동산을 향하여 마지막 발길을 옮겼다. 그 애의 장지는 채플에서 걸어가면 10분 정도 걸리는 거리에 있었다. J. J.를 실은 차를 따라서 많은 차들이 줄지어 천천히 장지에 도착하였다.

우리는 모두 차에서 내려, 빨간 장미꽃으로 장식된 그 애의 관을 제일 친하게 지냈던 여섯 명의 친구들이 조심스럽게 내려서 한쪽에 세 명씩 여섯 명이서 관을 드는 것을 지켜보고 있었다. J. J.는 누구나 한번은 가지 않으면 안 될 길을 향해 우리보다 앞서서 가고 있었다. 이 땅에서의 마지막 길을 가고 있는 아들의 뒤를 따라 한 발 한 발 언덕을 올랐다.

나는 관 뒤를 따르며 추운 날씨에 양복만을 걸친 J. J. 친구들이 추울 것 같아 염려가 되었다. 한 손에는 관을 들고 다른 한 손으로 눈물을 훔치는 모습이 보였다. 그 모습은 나의 가슴을 다시 한번 찢어 놓았다. 그렇다. 나는 아들을 잃었고 이 아이들은 친구를 잃은 것이었다. J. J.를 사랑하던 사람들은 모두의 삶 속에서 그 애와 나누던 사랑을 다시는 나눌 수가 없게 되었다. 평소에 그 애와 사랑을 나누었던 사람들이 모두 애통하는 마음으로 천천히 그 뒤를 따랐다.

나무로 병풍처럼 둘러싸인 동산은 우리의 가라앉은 마음처럼 정적이 감도는데, 사람들의 발자국 소리와 차가운 바람만이 윙윙 소리를 내며 우리 곁을 날아다녔다. 겨울의 모진 추위는 우리들의 옷깃 사이로 스며들어 애통하는 마음을 더욱더 시리고 아프게 만들었다.

하관 예배를 보기 위해 천막 아래 마련된 장소에 J. J.의 관을 친구 아이들이 조심스럽게 내려놓았다. J. J.의 관이 가운데 놓여지고 양쪽에 가족을 배려해서 의자를 마련해 놓았다. 그 위에는 바람을 막기 위함인지 아니면 눈이 내릴 것을 대비해서인지 천막을 쳐 놓았다. 이 세상에서의 마지막 이별을 앞둔 하관 예배가 시작되었다.

이용걸 목사님의 간단한 설교 말씀이 끝나고 우리는 모두 둘러서서 찬송을 부르며 이 세상에서 하는 마지막 인사로 그 애의 관을 향해 차례로 한 송이씩 쥐고 있던 꽃을 관 위에 놓아 주었다. 수북히 쌓인 빨간 장미꽃들이 나의 눈물과도 같이 피눈물이 되어 관 위에 흩어지는 것이 보였다. "차마 놓을 수 없는 아들과 나를 이어 주던 질기고도 처절한 끈! 이 세상에서 맺었던 엄마와 아들의 관계!" 그곳에서 발길을 돌려 언덕을 내려와야 하는 이 순간을 피할 수도 죽을 수도 없는 나는 아들과 꼭 쥐고 있던 그 끈끈한 끈을 내 생명이 다하기 전까지 놓고 싶지 않았지만 놓을 수밖에 없었다. 나는 눈을 감고 조용히 그 애의 관에 마지막으로 입을 맞추었다. 흐르는 눈물이 차가운 바람에 날려 칼날처럼 매섭게 내 얼굴을 때리고 있었다.

차마 발길을 돌리지 못하는 나를 전은혜 사모님이 안아 발길을 돌려 주셨다.

사모님의 품이 어머니의 품처럼 따뜻하게 느껴졌다.

J. J. 친구들이 일일이 자신들을 소개하며 나와 함께 울어 주었다. 기억할 수도 없는 많은 아이들이 애통해 하며 나를 안아 주며 울고 있었다. 나는 그 아이들과 가슴이 맞닿은 듯 무언의 대화를 나눌 수 있었다. 그 아이들과 더 많은 시간을 보내고 싶었지만 우리에게 제한된 시간은 너무도 짧았다. 특히 J. J.와 친하게 지냈던 몇몇의 친구들은 너무 충격이 커서 오랫동안 그 자리를 떠나지 못했다.

　어떻게 자식을 땅 속에 묻을 수가 있을까? 그리고 그 아이를 그곳에 홀로 두고 발길을 돌릴 수가 있을까? 세상 관습을 따라 그곳에 아들을 놓아둔 채 사람들을 따라 내려와야 하는 나 자신이 또한 내가 살고 있는 이 세상이 싫었다.

　나는 그 애를 차가운 묘지에 남겨 놓고 내려온 그날 밤 몽유병 환자처럼 서성거리며 내 마음속에 그려진 환상 속에서 밤을 지새웠다. 추운 겨울날 적막하고 외로운 대지 위에 누워 있을 그 애를 생각하니 얼마나 추울까 하는 생각에 몇 번이고 누운 자리에서 벌떡 벌떡 일어나 이불을 들고 밖으로 뛰쳐나가고 싶은 충동을 억제하느라 끙끙 앓았다. "아늘은 그 추운 언덕 아래서 자고 있는데 나는 따뜻한 방에서 어떻게 잠을 잘 수가 있을까?" 나는 정말 제정신이 아니었다.

　가슴에 뭉쳐 있는 슬픔의 덩어리가 나를 질식시킬 듯 내 목구멍으로 뜨겁게 뜨겁게 치밀어 오르며 비통한 소리를 내기 시작하였다. 나는 이불을 끌어당겨 입을 틀어막았다. 그러나 끊임없이 솟아오르는 그 슬픔의 덩어리는 어느새 나의 온몸으로 번져 가며 이성을 마비시켜 버렸다.

나는 기진할 때까지 밤새워 울며 몸부림쳤다. 존이 나를 진정시키느라 애를 쓰다 결국은 둘이 같이 울고 말았다.

창밖을 내다보니 뒤뜰에 있는 나무가 보였다. 나무는 묵묵히 서서 흔들림이 없고 휘몰아치는 바람에 꺾여질 듯 흔들리는 나뭇가지들이 이 모질고 추운 밤을 견디느라 사투를 벌이고 있는 모습이 보였다. 그것은 왠지 나의 모습을 보는 것 같아 다시 서러움이 북받쳐 올랐다. 아침이 올 것 같지 않은 길고 긴 겨울밤을 나뭇가지와 나는 바람과 싸우며 뜬눈으로 지새웠다.

2004년 1월 4일

우리는 뜬눈으로 밤을 지새웠다. 그리고 날이 밝자마자 J. J.가 있는 워싱턴 메모리얼 파크로 달려갔다. J. J.가 있는 곳은 장례식 때 장식한 꽃으로 덮였는데 온갖 모양의 꽃들이 빳빳하게 얼어서 조각품처럼 굳어 있었다. 우리의 사랑하는 아들이 꽃으로 덮인 차가운 대지 속에 누워 있다고 생각하니 또 가슴이 무너져 내렸다. 서리를 맞아 희끗희끗한 색깔로 변한 잔디들이 꽁꽁 언 땅 위에서 질긴 생명으로 버티고 있었다. 파랗고 차가운 하늘에는 한 무리의 새 떼들이 허공을 비행하며 멀어져 갔다. 우리 부부는 고요한 새벽 하늘을 마주하고 우뚝 서서 마치 황량한 우주에 버려진 고아와 같이 정적이 감도는 그곳에서 바람을 맞으며 서 있었다.

나 자신이 갑자기 지구가 아닌 익숙지 않은 낯선 곳에 버려진 것 같은 착각도 들었다. 처절한 마음은 심장을 조이며 가슴이 터져 올 것 같은 비애로 변해 버렸다. 나는 분명 지구에 남아 있는데 그 애는 어디로 가 버린 것일까? 세상의 풍경은 하나도 변하지 않은 채 그대로인데 나의 아들만 갑자기 어디로 사라져 버린 듯한 믿어지지 않는 낯선 상황! 가슴속은 구멍이 뚫린 듯 너무도 아프고 시렸다. 나는 영혼 없는 허수아비처럼 빈껍데기가 되어 하늘을 올려다보았다.

천국은 얼마나 멀고도 높은 곳에 있는 것일까? 우리 부부는 충혈되고 눈물이 범벅이 된 눈으로 서로를 바라보았다. 서로가 너무도 불쌍한 생각이 들었다. 우리는 서로를 부둥켜안았다.

존이 "나의 아들 J. J.!"라고 목메어 불렀다. 그 처절한 외침이 새벽 공기 속에서 메아리처럼 들려왔다. "하나님, 이것은 형벌과 같습니다. 하나님은 왜 우리 둘만 이곳에 남겨 놓으셨습니까? 참으로 견디기 힘듭니다."

매서운 바람이 손과 발을 마비시키기 시작하였다. 나는 그곳에서 시간이 멈춰 버리기를 바랐다. 그래서 그냥 얼음기둥으로 남고 싶었다.

새로 생긴 버릇

너는 범사에 그를 인정하라
그리하면 네 길을 지도하시리라 잠 3:6.

2004년 1월 10일

정신이 무너지니 내 몸 자체가 소리 없이 부서지는 것을 느낄 수 있었다. 아무리 노력해도 깊은 잠을 잘 수 없었으며 밤마다 열이 나고 몸 전체가 쑤시고 아파 통증으로 인해 잠이 깨곤 하였다. 특히 잇몸이 붓고 음식을 먹기 힘들 정도로 온 이가 흔들거렸다.

몇 달 후에 치과를 찾아갔는데 의사 말이 스트레스 때문이라고 하며, 얼마 전에 이용석 목사 사모님이 이가 흔들려서 찾아왔었다는 말을 해주었다. 내가 다니는 영생교회에 이용석 목사님이라는 분이 계셨는데 온 교인의 눈물 어린 기도와 사랑을 뒤로 한 채 하나님의 부르심을 받았다. 그때 우리는 젊은 사모님과 어린 세 자녀를 생각하며 전교인이 모두 슬픔에 잠겨 있었다. 너무도 젊은 나이에 남편을 잃은 이용석 목사 사모님도 얼마나 힘들게 남모르는 고통을 겪으셨던지 나와 똑같은 증세로 치과를 다녀갔다는 말을 들으니 마음이 무척 아팠다. J. J. 장례식 때 본인도 무척 힘들고 어려운 중에서도 어린아이를 등에 업고 찾아준 이용석 목사 사모님의 고마운 마음을 영원히 잊지 못할 것이다.

2004년 1월 13일

이러므로 내가 사는 것을 한하였노니 이는 해 아래서 하는 일이 내게 괴로움이요 다 헛되어 바람을 잡으려는 것임이로다 전 2:17.

의욕을 완전히 상실한 희망 없는 나날이 시작되었다. 많은 사람이 일할 의욕도 없는 나에게 계속 일을 다닐 것을 권했다. 일을 그만두면 병이 날 것이라며 한번 자리에 눕게 되면 더욱더 일어나기가 힘들다는 말을 하였다. 지금 생각해도 정말 그때 쓰러져 앓았으면 오래도록 일어나지 못했을지도 모른다는 생각도 들곤 한다. 모두 나를 염려하여 해준 고마운 말들이었다. 그러나 그것이 무리가 되었는지 그 후에 오랫동안 병을 앓아야 했다.

나의 몸이 병들고 지치니 영혼은 더욱더 황폐해짐을 느낄 수 있었다. 낮에는 태연하려 애쓰며 일을 하였지만 돌아오는 차 속에선 가슴에 맺힌 응어리를 풀어 내느라 가슴을 쥐어뜯으며 하루 종일 참았던 울음을 토해 내야 했다.

 일을 끝내고 집으로 돌아오는 길에 너무 힘이 들어 몇 번이나 운전을 멈춰야만 하는 매일 똑같은 일상이 반복되었다. 축 늘어진 껍데기뿐인 육신을 질질 끌고 돌아와 밤이면 열이 오르고 온몸이 굳어져 제대로 움직이지도 못하고 땀을 비 오듯 흘리며 잠을 잤다. 하루는 일어나니 침대가 흠뻑 젖어 있었다. 그러나 존이 걱정할까봐 나는 혼자서 앓고 어떻게 해서든지 일어나 보려고 안간힘을 다했다.

 이 세상의 아름답던 풍경들이 그림책에 들어 있는 풍경처럼 하나같이 생명력이 없어 보였다.

 오로지 내가 살아야 한다는 강한 투지를 느낄 때는 존과 함께 있을 때였다. 우리는 서로를 살리기 위해 살아야 했으며 이 고통을 이기기 위해 그 어느 때보다 서로를 지켜 주지 않으면 안 된다는 의무감과 사랑으로 하나가 되었다.

 우리는 "남은 생애를 신앙생활을 열심히 해서 꼭 천국엘 가야 한다. 그래야 J. J.를 만날 수 있다."고 서로에게 다짐하는 말을 하루에도 몇 번씩 주고받았다. 이 세상에서 이렇게 헤어지는 것으로 끝이 난다면 그것은 정말 허망한 일일 것이었다. 그렇다고 조금 더 산들 무엇이 그리 큰 의미가 있으며 다시 아들을 만날 수가 없다면 모든 것이 부질없는 일이라는 생각이 들었다.

2004년 1월 17일

우리의 초점은 이 세상이 아닌 천국이 되어 버렸다. 하루 종일 천국에 관한 생각만 했으며 성경에서도 천국에 관한 하나님의 말씀만 찾아내려고 애를 써 보았다. 그럼에도 불구하고 문득 문득 천국에 대한 의구심이 생기기도 하였다. 천국은 정말 있는 것일까? J. J.는 천국에 정말 간 것일까? 우리는 이 다음에 어떤 모습으로 만날 것인가?

나는 수없이 하늘을 올려다보는 버릇이 새로 생겼다. 파아란 하늘은 내 마음을 더욱더 시리고 아프게 만들었고, 황혼에 물든 하늘은 우울하고 슬프게 하였으며, 먹구름이 낀 회색 하늘은 절망으로 몰아넣곤 하였다.

천국과 J. J.를 생각하며 풀리지 않는 숙제를 하듯 그 문제를 안고 사는 날들이 계속되었다. 어떻게 이 문제를 풀어야 할지 막막하기만 하고 성경을 읽어야 하는데 읽을 수가 없고 기도를 하게 되지도 않았다. 내가 자의로 할 수 있는 일은 아무것도 없는 듯 무기력하기만 했다.

서울에 있는 친구 순자에게서 한 자 한 자 마음을 다하여 쓴 듯한 위로의 편지가 날아왔다. 네가 지금은 너무 힘들어 아무것도 할 수 없는 상황인지를 자기는 알 것 같다며 나를 위해 대신 기도하고 있으니 건강을 추스르라는 내용의 편지였다. 20년을 보지 못한 친구인데도 나의 상황을 누구보다 잘 알고 있는 듯하였다.

나는 갑자기 우리 부부를 염려하며 기도하는 많은 사람이 떠올랐다. 김신호 장로님은 자신의 어려웠던 과거를 간증하며 우리를 위로해 주셨고, 전도사님도 우리를 위하여 여러 가지로 마음을 써 주셨다. 그리스도 안에서 순수하게 베푸는 귀하고 아름다운 사랑이 우리 부부를 감동시켰다. 톰슨Thompson 가족들도 자주 찾아와 주고 항상 우리를 위해 기도하고 있음을 알려 주었다.

순간순간 이런 사랑의 손길들이 우리 두 사람을 조금씩 살려내고 있다는 생각이 들었다. 그러나 그 애가 우리 인생에 차지하고 있던 부분은 너무도 컸다. 특히 아들을 뺀 나의 미래는 생각조차 해본 일이 없어서 그 애가 없는 삶은 마치 목적을 잃어버린 삶과도 같이 아무런 가치도 희망도 없었다. 그저 하루하루를 연명하고 있는 것에 불과하였다.

2004년 1월 18일

나는 오감을 잃은 사람처럼 아무것도 느낄 수 없었다. 그저 멍하니 앉아 있거나 매일 누워 지내다시피 하니 몸은 더욱더 약해지기만 했다. 하루가 멀다 하고 두통에 시달렸으며 근육들이 뭉쳐 움직일 때마다 통증이 심했다. 어떤 때는 팔을 올리는 것조차 힘이 들었으며 한밤중에는 몸이 굳어져 돌아눕기조차 어려웠다. 나를 위로하기 위해 저녁을 같이 먹자고 초대하는 사람도 있었는데 마음은 고마웠지만 선뜻 나서게 되지 않아 거절하곤 했다. 나는 바깥 세상에 아무 관심이나 흥미도 느끼지 못한 채 그저 이 크나큰 슬픔이 비켜 가기만을 기다렸다.

오늘은 아무도 만나기 싫다는 것을 끈질기게 설득해 아침 식사를 하자며 두문불출하는 나를 두 친구가 밖으로 끌어내었다. 두 친구에 이끌려 아침 공기를 마시고 활기찬 식당에서 식사를 하면서 이 얘기 저 얘기 나누다 보니 조금 기운이 나는 듯하였다.

오늘 아침에 집을 나서며 추운 날씨에도 잘 견디고 있는 아잘레아Azalea가 눈에 들어왔다. 인내를 가지고 자기의 소임을 다하는 듯한 그 모습이 아름다워 보였다. 나도 하나님께 그런 사람이 되고 싶다는 생각을 하면서 친구들과 커피를 마시며 억지로 웃어도 보았다.

2004년 1월 29일

J.J.의 차를 보관하고 있는 곳에서 연락이 왔다. 차 안에 있는 소지품도 챙겨서 가지고 가고 누군가 그곳에 가서 사인을 해주어야 폐차를 시킨다는 것이었다. 우리는 그 일을 마무리해야 한다는 것을 알았지만 선뜻 나설 용기가 나지 않아 자꾸 미루고 있었다. 처음에는 존이 혼자 다녀오겠다고 하더니 며칠이 지나자 아무리 생각해도 도저히 J.J. 차를 볼 자신이 없다며 못 갈 것 같다고 말했다.

다행히 우리 사정을 잘 아는 존의 직장 친구인 톰이 자신은 예전에 응급실에서 일한 적이 있어 이런 일을 많이 해봤다고 말하며 자신이 대신 가서 처리해 주겠노라고 하였다. 존이 같이 가겠다고 제의했지만 굳이 자기 혼자 처리하겠다고 고집하며 톰은 그 먼 곳을 운전하고 가서 모든 것을 해결해 주었다.

톰의 배려로 존은 그 애의 차를 다시 보며 겪어야 했을 또 한번의 고문은 면하게 되었다. 톰이 그곳에 가서 어떻게 했는지 나는 물어보지도 않았고 존도 아무 말이 없었다. 우리는 서로를 배려해 주느라 자신의 아픈 가슴을 내보이지 않기 위해 하루에도 몇 번씩 하고 싶은 말들을 참으며 침묵 속에서 아픔을 삭여야 했다.

2004년 1월 30일

우리에게 한 가지 꼭 처리해야 할 큰일이 남아 있었다. J.J.가 살던 아파트에 가서 짐을 정리해 와야 하는 것이었다. 우리는 그곳에 가서 그 애의 짐을 챙겨 와야 한다고 생각만 해도 마음이 무거웠다. 그래서 그 일을 미루고 또 미루었지만 하지 않으면 안 될 일이었다.

결국엔 존과 남동생 현수가 같이 가기로 하였다. 친구들과 같이 방을 얻은 것이니 남은 계약 기간 동안 방세도 해결해 주어야 하고 학교 도서관에 들러 J.J. 이름으로 책도 조금 기증하기로 하였다. 한 아파트에서 지냈던 친구들이 짐을 정리해 우리에게 갖다 주겠다고 해서 너무 고마웠다. 그러나 그렇게 할 수 없는 일이었다. 다행히 짐을 그 아이들이 다 꾸려 놓았다고 연락이 와서 시간이 많이 절약될 것 같았다.

2004년 2월 1일

아침 일찍 현수가 운전을 하고 존은 옆에 탄 채로 펜 스테이트 Penn State 대학 근처에 있는 J. J.가 살던 아파트로 짐을 가지러 떠났다. 3시간 30분 정도가 걸리니 돌아오려면 7시간 이상이 걸리는 거리였다. 아침 일찍 떠났는데도 돌아올 시간이 훨씬 지난 오후 3시경이 되어서야 집에 도착했다. 나중에 이유를 들으니 그 아이들과 헤어지기가 섭섭하여 J. J. 룸메이트들과 이런 저런 이야기를 나누느라고 그렇게 되었다고 했다.

나는 오전 내내 그 애를 기다리듯 초조한 마음으로 안절부절못하면서 집안을 서성거렸다. 차 소리가 나면 돌아올 시간이 되지 않았는데도 문밖을 수없이 쳐다보았다. 그 애가 쓰던 물건들을 대할 생각을 하니 가슴이 떨리고 하도 마음이 진정되지 않아 "하나님 도와주세요! 하나님 도와주세요!"라고 하루 종일 중얼거렸다.

존이 아들이 살던 아파트에서 짐을 챙기며 얼마나 참담했을까 하고 생각하니 마음이 너무 아프고 견디기가 힘이 들었다. 조용히 엎드려 "주님, 존을 위로해 주세요."라고 기도드렸다.

오후 3시쯤 되어 밖에서 차 멈추는 소리가 들려왔다. 존과 현수가 도착한 것 같았다. 나는 문을 열자마자 그 자리에서 심장이 멈출 듯 큰 충격을 받았다. 내 눈에 들어오는 낯익은 아들의 옷들이 보였기 때문이었다. 현수가 낯익은 J. J.의 옷들을 어깨에 메고 집안으로 들어서고 있는 것이었다.

그때의 그 충격을 무엇으로 설명하랴! 마치 내 영혼이 회오리바람 속으로 송두리째 빨려 들어가 산산조각이 나는 듯한 그 아득하고 캄캄한 혼돈의 상태! 나는 현기증을 느끼며 벽에 쿵하고 머리를 찧었다. 머리에 띵하는 굉음이 들려오는 듯하였다. 혼이 빠진다는 말이 바로 이런 것이려니 하는 생각이 들었다.

현수가 J. J.의 옷을 가지고 들어오다가 내가 그 애의 옷을 보고 울음을 터트리자 자기가 옷을 가지고 가서 처리하겠다며 황급히 발걸음을 돌려 나가 버렸다. 아들의 옷을 잔뜩 실은 현수의 차가 떠나는 걸 보며 그 차를 멈춰야 할 것 같은 생각이 들었으나 한 발자국도 옮기지 못하고 바닥에 털썩 주저앉았다.

존이 말없이 들락거리며 그 애의 물건을 담은 상자들을 지하실에 가져다 쌓아 놓았다. 그러고는 울고 있는 나를 가만히 안아 주었다. 그 애는 정말 이 세상에 없는 것이었다…….

나는 그날 밤 또다시 온몸에 열이 나며 두통이 몹시 심해 잠을 잘 수가 없었다. 가위에 눌린 듯이 몸이 움직일 수도 없이 자꾸 굳어 왔다. 옆으로 돌아누우려고 아무리 노력해도 움직여지지 않았다. 나중에는 손가락이라도 움직여 보려고 노력했지만 땀만 비 오듯 흐를 뿐 전혀 움직이지 않았다. 나는 이렇게 죽어 가는구나 하는 생각이 들었다.

2004년 2월 12일

나는 지하실로 내려가 그 애의 짐이 담긴 가방 중에서 제일 작은 것 하나를 풀었다. 가방 안에 가득 담긴 그 애가 좋아하던 물건들이 가치를 잃어버린 채 아무렇게나 담겨 있었다. 그 애가 모아 놓은 CD들, 여행 갈 때마다 사서 모은 열쇠고리들, 자신이 선물받은 것 중에서도 유난히 애착을 가지며 지니고 있던 여러 가지 물건들! 나는 상자에다 차곡차곡 그 물건들을 정리하다가 맥없이 주저앉았다.

우리가 인간으로 태어나 잠시 들렀다 가는 세상! J. J. 네가 그토록 소중히 여기던 이 물건들은 다 무엇이란 말이냐!

하나님은 침묵하시며 다시 성경 말씀을 가까이하도록 나를 인도해 주셨다.

너는 범사에 그를 인정하라 그리하면 네 길을 지도하시리라 잠 3:6.

"그렇다. 이 세상의 어디에도 해답은 없다. 나를 구원하실 하나님의 말씀을 붙잡고 소망을 얻어야 한다." 나는 그분이 계획하신 나에 대한 삶의 계획이 이것이 끝이 아닐 것이라는 믿음이 생겼다. 차츰 내 마음이 다시 그분을 향해 열리는 것을 느낄 수 있었다.

  초로인생이라는 말이 생각났다. 지금의 내 마음 상태를 제일 잘 표현해 주는 말이기도 하였다.

위로부터 오는 평안

여호와는 마음이 상한 자에게 가까이하시고
중심에 통회하는 자를 구원하시는도다 시 34:18.

2004년 2월 18일

장영희 권사님이 예쁜 글씨와 마음을 담은 이슬비 전도 편지를 보내 주셨다.

어느새 하나님은 진정한 나의 주인이 되셔서 내 삶을 주관하고 계셨으며, 하루 종일 무엇을 하든지 하나님만 바라보고 있는 나 자신의 모습을 볼 수 있었다. 교만한 나를 내세우던 나의 의는 벌써 오래전에 소멸되어 버렸다. 부질없는 욕망이나 미래에 대한 허구한 계획도 얼마나 어리석고 아무 의미가 없음을 예전에는 왜 미처 몰랐는지 후회가 되었지만 돌이킬 수도 없는 일이었다. 하루 종일 성경을 읽으며 말씀을 묵상하기 시작하였다.

장영희 권사님이 보내 준 『그리스도를 본받아』를 읽으며 내 인생의 주인이신 하나님께 하루에도 몇 번씩 교만으로 가득 찼던 나의 과거를, 하찮은 나의 존재에 대해 용서를 구하며 고백하였다. 나라는 존재는 나를 위해 존재하는 것이 아니라 오직 그분을 위해 존재한다는 것도 분명히 알게 되었다.

　나는 목마른 사슴처럼 하나님이 주신 성경 말씀들을 받아 마시기 시작하였다. 정말 그 말씀들은 꿀송이처럼 달았고, 더욱더 갈증을 느끼며 생명수를 받아 마시듯 하루하루 그 말씀을 먹고 살았다. 마른 스펀지처럼 메말라 있던 가슴속으로 하나님의 말씀들이 스며 들어와 내 마음속을 적시기 시작하였다.

　오늘은 내 가슴이 은혜로 가득 차 충만하게 젖어 있음을 느꼈다.

2004년 2월 23일

　지난밤에도 허리의 통증과 근육이 굳어지며 오는 통증으로 인해 고통스러워 밤새도록 잠을 이루지 못하였다. 오늘은 할 수 없이 의사를 찾아가서 진료를 받았다. 의사의 말이 허리와 목에 디스크가 있는 것 같고 근육이 마비되는 증세는 스트레스에서 오는 것 같다며 신경 안정제를 먹어 볼 것을 권했다. 나는 처방전을 받아들고 힘없이 집으로 돌아왔다.

　스트레스는 마음으로부터 오는 것인데 세상의 의학으로는 고칠 수 없다는 생각이 들었다. 분명한 것은 오직 하나님의 은혜 안에서만 이 내 병이 치유될 수 있을 것이고, 언젠가 하나님이 낫게 해주실 것이라는 마음의 확신도 생겼다.

2004년 3월 1일

그는 실로 우리의 질고를 지고 우리의 슬픔을 당하였거늘 우리는 생각하기를 그는 징벌을 받아서 하나님에게 맞으며 고난을 당한다 하였노라 그가 찔림은 우리의 허물을 인함이요 그가 상함은 우리의 죄악을 인함이라 그가 징계를 받음으로 우리가 평화를 누리고 그가 채찍에 맞음으로 우리가 나음을 입었도다 우리는 다 양 같아서 그릇 행하여 각기 제 길로 갔거늘 여호와께서는 우리 무리의 죄악을 그에게 담당시키셨도다

사 53:4-6.

어떻게 예전에는 눈물 없이 성경을 읽을 수가 있었을까? 나는 흐느끼며 이 성경 구절을 읽고 있었다. 말 한마디 한마디가 살아 움직이듯 나의 마음속에서 비수가 되어 폐부를 찔렀다. 십자가를 지신 그분의 아픔이 전해져 나는 원죄에 대한 진정한 의미를 깨달으며 그 죄책감에 폐부를 찌르는 듯한 고통과 아픔을 느꼈다. 아직도 가슴 한구석에 잠재해 있던 자아를 깨트리며 살아 계신 성령님이 나의 마음속에 임하심을 느낄 수 있었다.

죄에 젖어 있는 당신의 백성들을 끝까지 버리지 아니하시고 인간의 모습으로 오셔서 인류의 죄를 대신하여 십자가의 형벌을 받으시면서 인간의 죄를 대속하여 주신 예수님!

우리를 사랑하심으로 자신의 아들을 십자가에 못 박는 아픔을 감수하신 그분의 사랑이 처절하게 느껴지며 나는 끝까지 인간을 포기하지 않은 그 은혜에 너무 감사해 울고 또 울었다. "당신은 하나밖에 없는 독생자를 십자가에 못 박으시며 얼마나 마음이 아프셨는지요! 감히 나는 조금이나마 당신의 아픔과 사랑을 안다고 말하고 싶습니다. 이 잔인하고 죄 많은 인간을 용서하십시오."

한낱 피조물로서 진정 내 삶의 주인이신 그분을 아프게 한 죄를 다시 한번 눈물로 고백하였다. 하나님도 침묵 속에서 아파하시며 나를 만져 주시는 것을 영혼을 통하여 온몸으로 느낄 수 있었다. 그리고 성령님은 확실히 살아 계셔서 나의 삶을 이끌어 주심을 깨달았다.

"주님, 나의 삶이 주님의 계획 속에 이루어지는 것을 압니다. 나를 옳은 길로 인도하시고 하루하루 인격이 변화되어 주님의 형상을 닮아 가며 사는 삶을 살게 하여 주소서! 나를 창조하신 하나님 당신이 원하시는 대로 사용하시옵소서. 당신이 나에게 원하는 모습대로 살아가기를 소원합니다."

이 기도를 끝내고 정말 편안하게 모든 것을 주께 맡길 수 있는 나 자신을 발견했다. 그 일은 정말 순간적으로 일어났으며 그 동안에는 왜 이렇게 쉬운 일을 할 수가 없었는지 의아한 생각이 들었다. 모든 것을 주께 맡기니 마음이 편안했다. 나는 진리 안에서 자유함을 얻은 것이었다.

나는 밤새도록 은혜의 바다에서 통곡과 참회와 기쁨으로 펑펑 눈물을 쏟으며 그분의 사랑에 울고 또 울었다.

이튿날 아침에 일어나니 눈이 너무 부어서 잘 떠지지를 않아 아이스 팩을 한참 동안 하고 있었다. 개구리 눈으로 맞은 새로운 날은 찬란한 햇빛이 비치는 새로운 아침이었다.

2004년 3월 18일

불면으로 인해 시달리던 두통도 조금씩 없어지고 나을 것 같지 않던 불면증도 조금씩 나아졌다. 그래도 여전히 자다 깨다 하며 깊은 잠을 잘 수 없었지만 몇 시간씩 밤에 깨지 않고 잘 수 있는 날들도 많아졌다. 굳어지던 근육들도 조금씩 풀리며 나아지기 시작했다. 내 육신의 병이나 마음의 병도 주님이 치유해 주실 것을 믿고 기도한 결과라는 생각이 들었다.

꺼질 듯 작은 불씨와 같이 희미하던 믿음에 조금씩 불이 지펴지는 것을 느낄 수 있었다. 나는 한때 장영희 권사님이 오로지 성경책만 읽으며 말씀만 묵상해서 참 재미없게 산다고 생각한 적이 있었는데,

이제는 그분을 많이 이해하며 닮아 가고 싶어하였다. 왜냐하면 성령이 충만한 삶은 세상에서 느끼지 못했던 희락과 평안함을 가져다 주는 것을 조금은 알 것 같기 때문이었다.

2004년 3월 30일

존은 사촌들이 무척 많은데 미국에서는 서로 너무 멀리 떨어져 살기에 만날 기회가 거의 없는 편이었다. 그래서 몇몇의 사촌을 제외하고는 거의 소식도 모르는 채 지내며 어쩌다 경조사나 있어야 이메일로 소식을 전하는 정도였다.

그런 사촌 중의 한 사람인 신디는 게리와 결혼해서 딸 하나와 늦게 낳은 아들 이렇게 두 자녀를 두고 있었다. 딸 아이인 브룩Brook은 J. J.와 한 살 차이라 우리가 관심을 가지고 있는 편이고 아주 오래전에 두 번 정도 만나 본 적이 있는 친척 중의 한 사람이었다. 그러나 너무 멀리 떨어져 살고 있는 관계로 신디를 우리 결혼식 때 처음 보고 그 다음에 브룩을 낳았을 때 우리 집을 방문한 이후론 만난 일이 없었다. 그런 신디로부터 오늘 뜻밖의 카드를 받았다.

신디는 J. J. 장례식 때 자신은 여행 중이었다면서 그 소식을 나중에 접하고는 많이 놀라고 마음이 아팠다고 편지에 적었다. 우리가 얼마나 힘들지 자신은 상상도 못하겠지만 아무튼 많이 힘들 거라는 것은 짐작이 간다고 했다. 그리고 이렇게 힘들 때에는 집을 떠나 장소를 옮겨 보는 것도 괜찮을 것 같은데, 하와이 섬 중의 하나인 마우이Maui에 자신의 별장이 있으니 그곳에 와서 쉬었다 가라고 간곡히 권하는 편지였다. 우리 두 사람이 마우이의 아름다운 자연 속에 힘들고 지친 몸을 맡기고 지내다 보면 상처가 많이 치유될 것이라는 말과 함께 여행비도 보내 왔다. 그리고 마우이에 오기 싫으면 그 돈으로 한국을 다녀오든지 하라면서 마음을 써 주었다.

우리는 뜻하지 않은 이 큰 선물을 받고 감동과 위로를 받았다.

신디는 굉장한 부자로 샌프란시스코에 사는데 다른 곳에도 별장을 가지고 있었다. 친척 중에서 제일 잘 사는 사람이었지만 돈이 많다고 이렇게 호의를 베풀기 쉽지 않다는 것을 나는 잘 알고 있었다. 그래서 나는 아름다운 마음을 가지고 있는 신디가 하나님께 축복받은 사람이라는 생각이 들었다.

우리는 그 당시 아무 의욕도 없고 더구나 여행은 생각지도 않았던 터라 망설여졌지만 신디의 아름다운 마음과 우리를 배려하는 그 성의가 너무도 고마워 거절하기가 어려웠다. 갑자기 마음 한구석에서 그 낯선 곳에 가서 쉬고 싶은 마음이 생겨나기 시작했다. 마우이라는 생소한 섬에 가 있으면 이 고통스러운 기억이 조금은 지워지지 않을까 하는 막연한 생각도 들었다.

우리는 6월쯤에 가겠노라고 신디에게 답장을 했다.

2004년 4월 1일

오늘 아침 달력 앞에서 4월 달이 된 것을 보고 놀라지 않을 수 없었다. 나는 고통을 이기는 방법 중의 하나로 시간이 빨리 가 주기만을 바라면서도 그 동안 거의 달력을 보지 않고 살아왔었다. 길기만 하던 하루하루가 쌓여 어느새 4월에 와 있는 것이었다. 다시는 봄이 올 것 같지 않던 그 음울하고 긴 겨울을 거두고 다시 새 계절을 주신 하나님께 새삼 감사하는 마음이 생겼다.

> 곧 네 환난을 잊을 것이라 네가 추억할지라도 물이 흘러감 같을 것이며
> 욥 11:16.

나는 이 말씀을 하루에도 몇 번씩 마음속에 되새기며 나의 슬픔도 언젠가는 거두어 주실 것이라는 확신이 생겼다. 참으로 보잘것없는 나를 영원한 계획 속에 지어 주신 주님! 그분은 나를 새사람으로 만들기 위해 사랑의 연단을 하고 있는지도 모른다는 생각이 문득 들었다. 그리고 이 시험을 통과하는 방법은 오직 믿음과 하나님의 은혜 가운데서만이 가능하다는 확실한 진리에 대한 깨달음도 주셨다. 머리로는 진리를 알겠는데 몸과 마음은 아직도 영적으로 미숙하고 한없이 약하여 아직도 내 의지로만 고통을 누르고 이겨 내려고 노력하며 발버둥을 치고 있었다.

우리는 주말마다 J.J.를 찾아갔다. 처음에는 둘이서 토요일마다 갔었는데 요즈음엔 일부러 존이 가는 토요일을 피해서 나는 주중에 다른 날을 택해 그곳에 가곤 했다. 그가 아들의 묘 앞에 서 있는 모습을 보노라면 너무 가슴이 아파서였다.

묘비에는 시편 23편이 적혀 있지만 나는 그 애에게 이 세상에서 엄마로서 하고 싶은 말을 적어 또 다른 묘비를 만들어 주고 싶었다. 불현듯 아들이 묻힌 조지 워싱턴 메모리얼 파크 군데군데 놓여 있던 대리석 벤치 생각이 났다. 여기 묘지는 묘비를 세우는 대신 바닥에 평면으로 묘비를 묻었다. 그래서 따로 묘비를 세우고 싶은 사람은 대리

▶ 엄마 아빠의 마음을 담은 묘비 벤치

석 벤치를 주문해 그 앞쪽에 문구를 새겨 놓았다.

사무실에 가서 우리 계획을 말하니 J. J. 묘 아래쪽은 자리가 없어서 안 되고 조금 오른쪽에 벤치가 이미 하나 있는데 바로 그 옆에 하나 더 할 자리가 있다고 하였다. 우리는 그곳에 벤치를 하기로 결정하고 장소를 다시 한번 가 보았다.

벤치는 영생교회 묘지 입구로 올라가는 길가 옆에 놓이게 될 것 같았다. 누구라도 그곳에 성묘를 왔다가 잠시나마 앉아 쉬면서 우리의 인생을 잠시 돌아보는 그런 자리가 되었으면 좋겠다는 생각을 해보았다. 벤치에 문구는 많이 새겨 놓을 수가 없으니 짤막하게 하고 양쪽에는 그림을 새겨 넣을 수가 있다며 그림을 보여 주었다. 우리는 십자가와 비둘기 그림을 골랐다.

벤치 위쪽엔 J. J.의 이름이 들어가고 양옆의 그림은 왼쪽엔 십자가, 오른쪽엔 비둘기 그림 그리고 중간엔 "우리는 너를 사랑하고 영원히 마음에 새길 것이다. 하나님의 축복이 있기를! 사랑하는 엄마 아빠가."라고 적기로 했다.

J. J. 나는 너를 이 세상 떠나기 전까지 영원히 사랑하고 내 가슴에 품고 살아갈 것이다. 오늘도 너를 향한 그리움은 너무도 커서 힘들기만 한 하루였지만 "여호와는 마음이 상한 자에게 가까이하시고 중심에 통회하는 자를 구원하시는도다"시 34:18라는 말씀을 묵상하며 위로를 받았단다.

나는 오늘 하루도 그분 곁에 더 가까이 다가가고 싶은 열망에 시달렸다. 그리고 아마 조금은 더 가까이 다가선 것 같기도 하다. 오늘 하루는 정말 나에게 위로 주시는 하나님만 바라보고 살았으니까.

2004년 4월 13일

하나님의 은혜로 조금씩 건강이 회복될 것 같은 기미가 보이기 시작하였다. 밤마다 악몽같이 되풀이되던 근육이 마비되거나 뒤틀리던 증세도 거의 없어지고 식은땀도 흘리지 않게 되었으며 밤새도록 잠도 잘 수 있게 되었다.

나는 지압도 받고 의사에게 치료도 받으러 열심히 다녔다.

내 몸이 조금씩 나아지며 새로워지듯이 내 영혼도 하루속히 변화되어 영적 성장을 할 수 있었으면 하는 바람을 가져 보았다.

> 너희는 이 세대를 본받지 말고 오직 마음을 새롭게 함으로 변화를 받아 하나님의 선하시고 기뻐하시고 온전하신 뜻이 무엇인지 분별하도록 하라 롬 12:2.

오늘은 이 말씀을 내 마음판에 새겼다.

2004년 4월 18일

　사람들은 거의 J. J.를 잊어버린 듯 예전처럼 우리를 편하게 대하기 시작했다. 이것은 당연한 세상 이치이지만 사람들이 이미 J. J.를 잊어버린 것만 같아 나는 괜히 섭섭하고 마음이 슬펐다.
　우리는 세상 사람들이 그럴수록 점점 더 J. J.에게 집착하며 사진을 모으고 그 애가 남기고 간 것들을 정리하며 혹시라도 J. J. 친구들이 그 애를 빨리 잊어버리지는 않을까 하는 아무 쓸데없고 부질없는 생각들에 시달리며 하루를 보냈다.

2004년 4월 23일

　오늘은 장례식 때 들어온 카드들을 꺼내 다시 한번 한 장 한 장 읽어 보며 고마운 사람들의 얼굴을 떠올려 보았다. 우리가 전혀 알지 못하는 사람들이 보내온 카드도 꽤 있었는데, 그중에 이웃에 살지만 한번도 만난 일이 없는 노부부의 카드가 눈에 띄어 다시 한번 읽어 보았다.
　그들은 서두에 누구인지를 소개한 다음 자신들도 23년 전에 아들을 잃은 사연을 적어 보냈다. 아들은 친한 친구들과 스키 여행을 갔었는데 스키를 타던 중 나무를 들이받고 넘어지는 바람에 사고로 목숨을 잃었다고 했다. 그러면서 누구보다 우리의 마음을 헤아리며 도움이 될 수 있는 일이면 무엇이든지 도와주고 싶다는 고마운 내용이었다.

노부부는 우리를 위로하기 위해 23년 전의 아픈 기억을 끄집어내 장문의 편지를 보내온 것이었다. 나는 처음에 카드를 읽고 언젠가 꼭 한번 그 사람들을 만나리라 결심했지만 마음의 준비가 되지 않아 차일피일 미루어 오다 오늘은 용기를 내어 그때의 고마움을 전하러 그 집을 찾아 나섰다.

　그 집은 우리 집에서 한 블록 정도 떨어진 곳에 위치하고 있었는데 그 집을 들르기 위해 저녁에 일부러 동네를 한 바퀴 돌며 산책하러 나갔다. 돌아오는 길에 몇 번이고 망설이다가 용기를 내어 문을 두드리니 낯선 노인이 문을 열어 주었다. 내가 누구인지를 설명하니 들어오라고 하며 반갑게 맞아 주었다. 집안으로 들어서니 잘 정돈된 가구 위에 식구들과 손자 손녀들의 사진인 듯 많은 사진이 진열되어 있었다. 그중에서도 첫눈에 들어오는 것은 거실 정면에 커다랗게 걸려 있는 잘생긴 청년의 사진이었다. 나는 순간적으로 그 사진이 그들의 아들이라는 것을 직감하였다.

　그들은 나의 손을 잡아 주며 23년 전 스키 사고로 죽은 아들의 이야기를 자세히 해주었다. 23년 전에 받았던 그들의 상처는 희미하게 바랜 모습으로 그러나 아직도 뚜렷한 흔적으로 그대로 남아 있는 듯하였다. 나도 J. J. 이야기를 조금 꺼내다가 결국 감정을 추스르지 못하고 울고 말았다. 내가 미안하다고 사과를 하니 지금은 많이 울 때라고 하면서 언제든지 울고 싶거나 이야기할 사람이 필요하면 찾아오라는 고마운 이야기도 해주었다.

　나는 그 집을 나오기 전 우리는 천국에서 아들들을 꼭 다시 만날 것이라고 힘주어 말했다. 그들은 확신이 없는 눈으로 23년 전에 죽은 아들이 자신들의 늙은 모습을 알아볼 수 있을지 모르겠다며 힘없이 웃었다. 그들은 가톨릭 신자였는데 천국에 대한 확신이 없는 것 같아 안타까웠으며, 그것은 지금의 나의 모습이기도 한 것 같아 더욱 괴롭고 안타까웠다. 그들에게 우리는 천국에 대한 소망을 가지고 살아야 한다고 힘주어 말하였다. 그 말은 나를 향해 부르짖는 믿음을 향한 다짐이었다.

　우리는 서로의 상처를 어루만지며 오랜 친구처럼 마음이 다가와 있다는 것을 느꼈다. 고통은 겪어 본 자만이 알 수 있는 것이니까.

새봄은 찾아오고

내가 산을 향하여 눈을 들리라 나의 도움이 어디서 올꼬
나의 도움이 천지를 지으신 여호와에게서로다 시 121:1-2.

2004년 5월 1일

오늘은 사진들을 정리하여 앨범을 만들었다. J. J.가 갓 태어났을 때부터 한 살 한 살 나이를 먹으며 얼굴과 머리 색깔이 변화되는 모습을 생각하며 앨범을 만들다가 내 손에 들려진 마지막 사진 한 장을 들여다보았다. 드디어 건장한 청년이 되어 한 달 전쯤에 대학교 친구들과 찍은 사진이었다. 그 애의 사진이 더 이상 없다는 사실 앞에 나는 망연자실한 채 한참을 앉아 있었다.

우리 세 식구가 살아온 부분 부분의 삶이 사진 한 장 한 장 속에 배어 있었다. 사진을 들여다보고 있노라니 어렴풋한 기억 속에서 지나간 세월들이 머릿속에 잠재하고 있던 복병처럼 다시 생생하게 살아나 나를

슬픔으로 몰아넣으며 괴롭혔다. 인생은 흐르는 물처럼 쉬지 않고 흐르는데 내 아픔은 고인 물처럼 머릿속에 정체되어 있는 듯하였다.

2004년 5월 9일

우경철 목사님이 『나루터의 새아침』이라는 책을 한 권 주셨다. 어떻게 하든 나를 위로해 주려고 애쓰시는 목사님의 마음이 너무도 고맙고 귀한 생각이 들었다. 내가 어려운 일을 당했을 때 우리 교구를 맡으셔서 심방도 와 주시고 여러 가지로 마음을 써 주셔서 누구보다 나도 마음을 열어 놓게 되었다.

목사님은 우리 구역이 속해 있는 교구를 맡으셨는데 한 사람도 소홀히 하지 않고 진심으로 돌보는 열정은 나에게 많은 감동을 주었다.

좋은 목자를 만나게 해주신 하나님께 감사하며 그의 생애를 하나님이 축복하여 주시리라는 생각이 들었다. 그리고 오래도록 평신도들과 마음을 열고 서로의 사랑을 나눌 수 있는 사랑의 메신저가 되시기를 기도드렸다.

2004년 5월 12일

아들이 없는 어머니날을 맞았다. 그 느낌을 어떻게 말로다 설명할 수가 있을까? 나는 일년 전만 해도 분명 어머니였는데 나를 어머니로 불러줄 아들이 없으니 이제는 어머니로 불리지 않는다. 나는 하루 종일 달라진 이 상황에 적응되지 않아 전전긍긍하며 하루를 보냈다. 아들이 없는 어머니날은 아물던 상처가 다시 곪아 오는 듯하여 다시 한번 그 통증에 시달려야 했다.

이맘때쯤이면 나를 놀래 주려고 온갖 궁리를 다하던 아들의 모습이 생각났다. 내가 무엇을 좋아하나 마음을 떠보느라고 웃기던 그 몸짓들……. 카드 살 돈이 없어 직접 만들었노라고 하면서 보기에도 성의가 없어 보이는 카드를 내밀곤 하던 그 익살스러운 모습, 그 보잘것없는 카드 안에 들어 있는 내용들은 하나같이 우스꽝스럽고 사랑이 듬뿍 담겨 있어 나를 행복하게 해주곤 했었다. 그 애의 환하게 웃는 그 얼굴이 눈앞에 어른거려 하루 종일 아무것도 할 수 없었.

이렇듯 특별한 날들은 예전에 즐거웠던 기억들조차 사무치는 그리움으로 변해 하루를 시달림 속에 보내게 되었다.

착잡한 마음으로 괜히 바깥을 기웃거리는데 점심 때쯤 J. J.와 어린 시절 같은 학교를 다녔던 장미가 꽃을 들고서 J. J.를 대신해 나를 찾아와 주었다. 하나님은 나의 외로운 마음을 덜기 위해 이여쁜 마음을 가진 이 아이를 보내 주셨다.

하루 종일 혹시 누군가 나를 찾아와 주지나 않을까 기대하던 부질없던 생각이 꿈 같은 현실이 되어 내 앞에 나타난 것이었다. 나는 너무 고마워 장미를 끌어안았다. 장미가 울먹이면서 "Happy Mother's Day!"라고 말했다. 나는 20살 때에 아무 생각 없이 살았던 것 같은데 장미는 나보다 몇 배나 나은 사람이라는 생각이 들었다.

> 이와 같이 우리 많은 사람이 그리스도 안에서 한몸이 되어 서로 지체가 되었느니라 롬 12:5.

나는 겨자씨만한 작은 믿음을 주신 하나님께 감사했다. 하나님은 여러 위로의 손길들을 때에 따라 나에게 보내 주시며 겨자씨 같은 나의 작은 믿음에 여러 사람의 손길을 통하여 사랑의 물을 주셨다. 나는 성령님의 인도하심으로 믿음이 조금씩 자라고 있음을 느꼈다. 내 몸을 지탱하는 뼈대와 같은 믿음 위에 하루속히 튼튼하고 강하게 이루어진 근육이 채워져 강한 믿음의 사람이 되어 우뚝 서 보고 싶었다.

주님은 약한 나를 품어 주셨고 치유해 주셨는데, 나도 하루속히 주님의 사랑을 전하는 사람이 되어야 하는데 하는 생각에 조급한 마음이 들었다.

2004년 5월 20일

집을 나서다가 화단에서 춥고 모진 겨울을 견디고 생기 있고 화사한 모습으로 서 있는 아잘레아 Azalea가 눈앞에 들어왔다. 이 땅에 뿌리를 깊게 내린 채 순종하는 마음으로 겨울을 견딘 아잘레아는 어느새 연분홍 꽃봉오리를 살짝 드러내며 아름다운 자태로 서 있었다. 그리고 어느 틈엔가 앞뜰을 덮고 있는 파란 잔디도 눈에 띄고 그 사이사이에 민들레까지도 경이로운 생명의 힘을 마음껏 내뿜으며 하나님을 찬양하듯 하늘을 향해 손을 벌리고 머리엔 눈부시도록 아름다운 흰꽃을 이고 있었다. 생명은 참 질긴 것이라는 생각이 들었다.

나도 그들과 같이 모진 겨울을 이겨 내고 생명이 움트는 대지에 뿌리를 내린 채 터질 듯한 꽃봉오리를 만들고 싶었다.

2004년 5월 25일

묘지를 관리하는 사무실에서 J. J. 벤치를 만들어 놓았으니 와서 확인해 보라는 연락이 왔다. 갑자기 상황이 바뀌어 우리가 사고로 먼저 죽음을 맞이하고 어린 J. J. 혼자 이 세상에 남아 슬퍼하는 생각을 해보았다. 그것은 생각만 해도 더욱 가슴이 아팠다. 그 애가 만약 이런 고통을 겪어야 한다면 차라리 우리가 감당하는 게 훨씬 낫다는 생각이 들었다. 부모가 자식을 향한 사랑은 뼈를 깎는 아픔이다.

나 여호와가 말하노라 너희를 향한 나의 생각은 내가 아나니 재앙이 아니라 곧 평안이요 너희 장래에 소망을 주려 하는 생각이라렘 29:11.

나는 오늘 이 말씀을 묵상하며 하나님이 견디기 어려운 고통 속에서 하루속히 건져 내시어 그분이 준비하신 선한 목적을 위하여 나를 사용하여 주실 것을 간절히 소망하였다.

우리가 남아서 그 애를 위해 삶의 뒷마무리를 하게 해주신 하나님께 감사드렸다.

2004년 6월 3일

오늘 아침 존의 동생한테서 시어머님이 돌아가셨다는 연락을 받았다. 시어머님은 4년 전쯤 시아버님이 돌아가신 뒤 몇 달 지나서부터 치매 증세가 있어 양로원에서 지내셨는데 그곳에서 3년 동안 계시다 돌아가신 것이었다. 아들밖에 없던 시어머님은 나를 항상 딸처럼 대해 주셨으며 정이 많아 시댁을 방문할 때면 혹시라도 음식 때문에 고생할까봐 여러 가지로 배려해 주시곤 하였다.

하루는 아침에 일어나니 미국 식품점에서 쌀을 사다가 밥을 지으셨는데 자꾸 먹으라고 권하셔서 반찬도 없는 밥을 먹느라고 혼이 난 적도 있었다. 한번은 나를 데리고 그곳에서 한 시간 반이나 걸리는 동양 식품점도 데리고 가 주셨다. 그리고 시댁에 가 있는 동안은 하루 종일 우리를 위해 음식을 만드느라 부엌에서 나오지 않으셨다. 다른 며느리들은 소파에 앉아 잡담들을 하고 있을 때에도 나는 영어가 서툴러 식구들과 어울리기가 불편해 주로 부엌에서 설거지를 하곤 하였는데 그

▶ 시어머님 댁을 방문했을 때 사촌들과 함께

런 나를 시어머님은 무척 고마워하며 끔찍이 아끼고 사랑해 주셨다.

양로원에 사시는 동안 몇 번 찾아가 뵙지도 못했는데 하는 죄스러운 생각 때문에 장례를 치르러 오하이오로 내려가는 차 안에서도 내내 마음이 괴롭고 후회가 되었다. 시어머님은 평상시와 다름없이 아침을 드시고 난 후 조금 지나 낮잠을 주무시다가 편안히 돌아가셨다고 히였다.

2004년 6월 4일

장례식 때 성낭에서 장례예배를 보게 되었는데, 이 성당은 동네에 있는 아주 오래된 성당으로 시어머님이 어렸을 적부터 다니던 곳이라고 하며 지금도 시어머님의 형제 되시는 분들 두 분이 이 성당을 다니신다고 하였다. 성당 내부는 천정이 매우 높고 안은 좀 어두운 편이어서 6월인데도 한기를 느낄 정도였다.

예배가 시작되며 웅장한 파이프 오르간 연주와 함께 스테레오를 통해 찬송곡이 흘러나왔다. 그 소리는 큰 성당 뒤편에서 메아리치듯 울리며 허공을 때리듯 공허하게 퍼지며 천정을 날아다니는 듯하였다. 성당의 미사곡은 보통 찬송가보다 더욱더 슬픈 음색으로 가슴을 써늘하게 만들었다. 시어머님 관 주위를 신부님들이 향료를 뿌리고 성수 Holy Water 를 뿌리면서 "네가 흙으로 말미암았으므로 흙으로 돌아가리니."라는 말을 하며 빙빙 돌았다. 그 말은 왜 그렇게 허무하게 내 귓전을 울리며 가슴을 서늘하게 만들던지 내 영혼을 뒤흔들며 온몸을 전율시켰다.

시어머님 장례식은 다시 한번 피조물인 인간의 모습을 거울을 보듯 들여다보며 상기하게 해주었으며, 주검 앞에서 이슬과 같이 순간에 사라질 육신을 위해 집착하며 살아오던 나 자신의 지난날들이 많이 반성이 되었다. 이 땅에서 마지막 작별 인사를 할 시간이 되자 우리는 모두 목이 메어 참고 있던 울음을 터트렸다.

허공을 울리던 장송곡이 신부님들이 뿌린 향료의 하얀 연기와 함께 높은 천정을 향해 흔적도 없이 사라지며 허무하게 퍼져 나갔다.

2004년 6월 5일

시어머님은 살던 집을 비워 둔 채 양로원에서 3년간 지내셨는데, 그 동안 시동생 중의 한 사람이 간간이 들러 그 집을 관리해 오고 있었다.

우리는 장례식이 끝난 뒤 3년 만에 처음으로 그 집에 들어섰다. 예전에 수없이 드나들던 집인데도 낯이 설었다. 먼지가 쌓인 채로 집안을 꽉 메운 많은 살림살이들이 어지럽게 널려 있었다. 허구한 세월 시어머님의 손때가 묻었던 그 많은 물건이 주인을 잃으니 아무 의미도, 아무런 소용도 없이 그저 구석구석 아무렇게나 던져져 있었다. 인간이 추구하는 욕심의 산물들은 모두 부질없는 허상일 뿐이라는 생각이 뼈저리게 들며, 나에게 다시 한번 내 주변도 정리하며 살아야 한다는 사실을 일깨워 주었다.

시어머님이 아끼시던 반들거리게 광이 나던 온갖 장식품들이 뿌옇게 벽에 걸려 있는 모습이 우리의 마음을 더욱 아프게 만들었다.

시어머님이 사시던 오하이오 주에서 우리 집이 있는 펜실베이니아까지는 차로 8시간쯤 걸리는데, 우리는 그곳에 더 이상 머무를 수 없어 우선 그날 저녁 집으로 돌아오기로 하였다. 어차피 시어머님 집은 정리하는데 오랜 시간이 걸릴 것 같아, 존이 동생들과 시간을 맞춰 다시 오하이오로 내려와 정리하기로 하고 우리는 저녁 늦게 집으로 돌아왔다.

오하이오에서 돌아와 긴장이 풀리니 더욱더 큰 허탈감과 피로가 몰려와 머리에서 윙윙 하는 소리가 나며 환청이 들렸다. 나는 그 뒤로 또 며칠 동안 우울증에 시달리며 지내야 했다.

2004년 6월 10일

사랑하는 사람을 한 사람씩 잃어버리며 천국에 대한 소망이 없으면 어떻게 살아갈 수 있을까 하는 생각을 하루에도 몇 번씩 하게 되었다. 영원한 나라에 대한 소망이 없다면 몇 년을 더 살아본들 이 땅에서의 덧없는 세월이 무에 그리 큰 의미가 있겠나 하는 생각뿐이었다. 천국에 관한 문제는 이 세상에서의 어떤 문제보다 가장 절실한 문제로 내게 다가왔다. J. J.와 시어머님과 보냈던 그 무수한 세월들이 꿈속에서 이루어진 듯 격세지감이 들었다.

세상에서 소유하고 싶어하던 모든 것에 대한 욕심이 조금씩 마음속에서 사라지며 나의 가치 기준도 바뀌기 시작하였다. 세상일을 걱정하는 대신 하루 종일 하나님이 나에게 원하시는 삶을 살아 드리기 위해 어떻게 살아가야 하는가를 골똘히 생각하며 세상에서 보이는 것보다 보이지 않는 천국만을 마음에 그렸다.

2004년 6월 19일

　필라델피아 공항에서 11시 30분 비행기를 타고 2시간 10분 후에 미니애폴리스에 도착해서 다시 비행기를 바꿔 타고 하와이에 있는 호놀룰루 공항을 향해 가는 중이다. 구름 위에 떠 있는 비행기는 가끔 구름을 뚫고 가는 듯 구름 속으로 들어가는 것 같기도 하고 어떤 때는 파아란 하늘 속에 점점이 떠 있는 구름 위를 지나가고 있어 마치 바다 위에 빙하가 떠 있는 듯한 착각이 들게 하였다. 비행기가 조금 낮게 떠 있을 때 창밖으로 아래를 내려다보면 거미줄같이 가늘게 금을 그어 놓은 듯 사방으로 뻗은 길들이 보였다. 실눈을 뜨고 한참을 내려다보고 있노라니 가끔씩 개미같이 작은 차들이 움직이는 것이 보였다.

　인간들이 건설해 놓은 거대한 도시도 하늘에서 내려다보면 지구의 어느 한 귀퉁이에 자리 잡은 작은 물체에 불과할 뿐인데, 하물며 사람의 형태는 존재하지도 않는 듯 아주 보이지도 않았다. 새삼스럽게 나 자신의 모습이 거대한 백사장을 메우는 흔적조차 찾아보기 힘든 모래알처럼 작고 보잘것없는 존재라는 것이 실감났다.

　하나님은 모래알 하나도 소홀히 하지 않고 다스리신다고 생각하니 전지전능하신 하나님을 찬양하지 않을 수 없었다. 하찮은 모래알 같은 존재! 광대한 우주 속에서 나는 그저 한 알의 모래알일 뿐이었다. 나 자신이 정말 모래알처럼 자꾸 작아져 가는 것 같았다.

　우리는 J. J.가 어렸을 적부터 거의 매년 여행을 같이 다녔는데 처음으로 J. J. 없이 가는 이번 여행은 너무도 마음이 허전하였고 기쁨이 없는 채로 여행이라기보다는 도피라는 생각이 들기도 하였다.

거의 10시간을 비행기에서 보내고 드디어 호놀룰루 공항에 도착하였다. 공항에서 다시 작은 비행기로 바꿔 타고 마우이 섬을 향해 떠났다. 비행기는 낮게 떠서 햇빛을 받아 은빛으로 출렁거리는 바다 위를 지나갔다.

하늘과 바다가 맞닿은 것 같은 수평선 위로 새털구름이 드문드문 흩어져 있었다. 하나님이 주신 평화가 이곳을 덮고 있는 듯하였다. 나도 모르게 내 마음을 새털구름처럼 풀어헤쳐 놓았다. 내 마음이 새털구름 사이로 흩어지며 텅빈 듯 홀가분한 기분이 되었다.

호놀룰루에서 30분 정도 걸려 드디어 마우이 섬에 도착했다. 공항에 내리자마자 근처에 있는 자동차 대여하는 곳에서 미리 예약해 놓은 렌터카를 빌려 타고 40분 정도 걸려 신디의 콘도가 있는 와일레아 포인트Wailea Point에 도착하였다. 와일레아 포인트로 들어서니 아름다운 꽃들과 바다에 둘러싸인 그림 같은 집들이 눈앞에 펼쳐졌다. 과히 지상의 낙원이라는 말이 무색하지 않을 정도였다.

이곳은 마우이 섬 가운데서도 부호들이 많이 사는 곳으로 다른 지역에서 와일레아 포인트로 들어서면 주변을 꾸며 놓은 풍경들이 비교가 안 될 정도로 고급스러우며 부티가 났다. 최고급 호텔들이 저마다의 특색을 지닌 아름다운 정원에 둘러싸인 신디의 집이 있는 와일레아 포인트는 최고급 호텔인 포시즌 옆에 위치하고 있었다.

집으로 들어가는 입구에는 보초를 서는 초소에 몇 명의 사람들이 근무했는데 우리의 신원을 확인한 다음에야 집이 있는 곳으로 들어가게 게이트를 열어 주었다. 열대 식물과 꽃들이 만발한 정원을 가꾸느라 분주히 일하는 사람들만 눈에 띄고 집을 찾아가는 동안 그곳에 사는 듯한 사람은 아무도 만나지 못했다. 집 번호를 찾느라고 기웃거리며 천천히 차를 몰아 내리막길을 내려가니 큰 야자수나무 사이로 바다가 나타났다. 우리는 와우 하며 동시에 감탄사를 올렸다.

집안으로 들어서니 인테리어 디자이너가 꾸민 집답게 하나의 작품을 보는 듯 모든 것이 독특하며 아름다웠다. 식탁과 의자 소파와 장식품 하나하나가 잘 조화되어 집주인의 취향을 읽을 수 있었다. 집안에 버튼이 하도 많아 차례로 눌러 보았다. 그중에 한 버튼을 누르니 응접실 전면의 커튼이 올라가며 정면에 코발트빛 바디기 니티났다. 미치 007영화의 한 장면을 연상시키는 풍경이었다. 바다를 바라보며 양쪽에 안락의사가 있고 가운데 테

▶ 신디의 별장에 있던 돛단배 조각품

이블에는 돛단배 모양을 한 유리 조각품이 있었는데, 집안에 들어서서 확 트인 응접실 쪽을 바라보면 마치 파아란 바다에 햇빛을 받아 반사되는 투명한 돛단배가 떠 있는 것 같은 착각을 느끼게 할 정도로 그 조각품은 가히 환상적이었다.

나는 시간이 날 때마다 그곳에 앉아 내 마음속에 어둡게 자리 잡고 있는 온갖 상념을 돛단배에 실어 그 흐르는 망망대해에 흘러 보냈다. 그리고 내 생애에 이런 귀한 시간을 주신 하나님께 감사드렸다.

2004년 6월 20일

아침 7시에 일어나 하나 투어Hana Tour라는 관광을 가기 위해 집을 나섰다. 마우이 섬에서는 어느 곳을 가든지 높이 솟은 할레아칼라Haleakala 화산이 보였는데, 산중턱엔 항상 구름이 걸려 있고 산 색깔이 청색과 그린색이 절묘하게 혼합되어 환상적인 색깔을 띠었다. 청녹색의 산 사이로 구름이 정체된 듯 떠 있는 모습은 마치 고대 영화의 한 장면을 보는 듯 시대를 뛰어넘는 착각을 불러일으키며 아득한 느낌을 주었다.

이 관광은 할레아칼라 산중턱에 난 좁은 길들을 따라 산을 한바퀴 돌아 내려오는 것이었다. 산중턱에 있는 하나Hana라는 마을도 들를 예정이었다. 하나는 이곳에서 흔히 볼 수 있는 꽃 이름이라고 하였다. 우리를 태운 관광차가 굽이굽이 곡예를 하듯 산을 오르기 시작하였다. 산중턱부터는 길이 포장되어 있지 않아 울퉁불퉁하며 길의 폭도 좁아지기 시작하였다. 어떤 곳은 길이 너무 좁아 차가 한 대밖에 지나갈 수가 없어 맞은편에서 상대방의 차가 지나가야만 그 다음 차가 갈 수 있었다.

안내원의 말에 의하면 갑자기 비가 내리면 산사태가 나서 길이 막히기도 하고 가끔은 나무들이 넘어져 운전을 하다 말고 나무들을 치워야만 지나갈 수가 있다고 하였다. 비가 오는 날이면 몇 시간씩 관광하는 시간이 지연되기도 하며 때로는 위험을 겪기도 한다면서 오늘은 날씨가 더없이 좋아 더 많은 것을 구경할 수 있을 것이라고 말해 주었다.

차창 밖으로 보이는 형형색색의 야생화와 정글을 이루는 이름 모를 나무들, 어두컴컴한 숲속의 바위틈 사이에 피어난 풀 한 포기에 이르기까지 인적이 닿지 않은 자연 그대로의 신비함을 지닌 채 할레아칼라는 한낮의 햇살을 받아 그 찬란함이 가히 천국의 일부를 연상케 했다.

바다를 끼고 산 위에 난 길들은 어떤 곳은 차창 밖으로 내다보기도 부서울 정도로 가팔랐다. 창밖을 내다보면 천길 낭떠러지 밑에 푸른 바다가 보여 간담을 서늘하게 만들었다.

사람들의 시선조차 닿지 않는 산등성이, 그 구석진 곳에서 자신의 의무를 다하며 꿋꿋이 서 있는 들꽃 하나하나에도 마음이 쓰였다. 다

▶ 마우이 섬 중앙에 있는 할레아칼라 화산

시 한번 생명의 고귀함을 생각해 보았다. 하나님은 풀 한 포기도 소홀히 하시지 않는데 하물며 나라는 인간을 소홀히 하셨겠는가라는 생각이 들었다. 하나님의 정원! 멀리 산등성이에 보일 듯 말 듯 많은 꽃이 만발해 있었다.

"그렇다. 나는 산등성이의 들꽃처럼 그분을 위해, 그분의 소명에 순종하며 살아야 하는 것이다……." 나는 태고의 신비를 간직한 듯 고요하고 적막한 정글 속에서 하나님의 손길을 느낄 수 있었다. 올라갈수록 더 높아 보이는 하늘을 향해 가만히 머리를 젖히고 눈을 감았다. 그리고 오직 하나님만 바라보았다. 하나님의 사랑이 마음속에 진동하듯 큰 파문을 일으키며 나의 마음속에 진동하기 시작하였다. 나는 감동으로 온몸을 떨며 이곳에 임재하시는 하나님을 느꼈다. 나는 두손을 높이 들고 그분을 찬양하였다. 내 볼을 타고 뜨거운 눈물이 한없이 한없이 흘러내렸다.

아름다운 꽃으로 뒤덮인 하나님의 정원 할레아칼라 산속에서 조금씩 조금씩 그러나 확실하게 내 마음속에 천국의 소망이 잉태되는 것을 느낄 수 있었다.

깊은 산중턱에 있는 하나라는 마을은 문명이 끊긴 듯 자연 그대로의 모습이었다. 이곳엔 옛 풍습을 그대로 지키며 사는 인디언들이 아직도 살고 있다고 하였다. 이 작은 마을보다 더 멀고 높은 곳에 있는 산속 마을엔 심지어 전기가 없는 곳도 있다고 하며, 그들은 병원도 없는 그곳에서 약초를 먹고 바르며 예부터 전해 내려오는 민간요법으로 모든 것을 해결한다고 하였다. 문명을 거부한 채 거의 외지로 나가 본 일도 없는 인디언들이 원시적인 모습으로 살지만 그들은 자연과 함께 어우러져 누구보다 행복하게 살고 있다고 하였다.

그런가 하면 바다가 내려다보이는 산중턱에는 웅장한 부호들의 별장들이 군데군데 눈에 띄었다. 문명을 거부하며 빈곤하게 사는 인디언들과 현대 문명의 극치를 이루는 웅장하고 아름다운 절벽 위의 저택들이 그곳의 경치와 함께 자연스럽게 조화를 이루고 있는 듯하였다. 바다가 내려다보이는 절벽 위에 그림처럼 지어진 저택들을 쳐다보며 그 높은 곳에 어떻게 건축 재료들을 올려다 그처럼 엄청난 집들을 지었을까 하는 놀라운 생각뿐이었다.

산을 거의 다 내려와 이름 모를 식물들로 덮인 넓은 평원이 있는 곳에 운전사가 차를 세웠다. 한쪽 끝을 내려다보면 깊은 바다가 보이고, 한쪽은 경사진 언덕을 조금 내려가니 반달 모양을 한 둥그런 해변이 나타났다.

흔치 않은 검은 모래로 이루어진 모래사장 위로 파도가 밀려와 흰 거품을 만들며 주위의 정적을 깨고 바위에 부딪치며 요란한 소리를 내곤 하였다. 버스에 같이 타고 있던 일행 중에 신혼부부인 듯한 두 남녀가 연신 사진을 찍으며 즐겁게 장난을 치고 있었다. 그 모습을 보면서 나에게도 언젠가 저토록 행복한 시절이 있었는데 하는 생각이 들며 쓴웃음이 나왔다. 바위에 앉아 망망대해를 바라보니 새삼 세월의 무상함이 느껴졌다.

언덕을 오르니 그 위에 조그맣고 초라한 교회가 있었다. 안내원의 말로는 한 달에 한 번씩 몇 명이 모여 이곳에서 예배를 드린다고 하며 이 예배를 위해 먼 곳에서 목사님이 오신다고 하였다.

존이 어느 사이에 풀숲을 헤치고 교회 안으로 들어갔다가 나오는 것이 보였다. 교회 안에 들어가 기도하고 헌금함에 헌금을 하고 나오는 길이라고 하였다.

교회 옆에는 조그만 묘지가 있었는데, 오랜 세월 풍파에 시달린 몇 개 안 되는 거무스름한 묘비들은 불쌍한 인생들의 끝을 말해 주듯 간신히 쓰러질 듯 외롭게 서 있었다.

인적이 끊긴 듯 외딴 그곳에 아무도 찾아온 흔적도 없이 비바람 모진 풍파에 시달려 거의 쓰러져 가는 비석들을 바라보니 더욱더 외로움이 몰려왔다.

우리 인간들은 언젠가 다 흙으로 돌아가야 할 피조물이라는 것을 절감하며 나는 이름도 알 수 없는 꽃들과 함께 섞여 가만히 그곳에 서 있었다.

그곳에서 생존하는 모든 것이 자신들의 자리를 조용히 지키며 아름다운 자태로 언덕에 자리 잡고 서서 간간이 들려오는 파도소리와 함께 하나님을 찬양하고 있는 듯하였다. 그 언덕에서 나 자신도 자연의 일부가 된 것 같은 착각이 들면서 한 포기의 풀이 되어 광대한 우주를 다스리시는 하나님께 영광을 돌렸다. 나도 언젠가는 나그네 같은 인생길을 마치고 본향인 그곳으로 돌아갈 것을 생각하면서…….

"토기장이 되시는 나의 하나님! 이 모든 아픔과 고통을 통해 당신을 바라볼 수 있게 하시고 인내로 나를 연단하여 주심을 감사합니다. 부디 나를 버리지 마시고 쓰임받는 그릇으로 만들어 주세요. 당신이 나에게 주시는 형벌과 같이 느껴지는 이 고통과 시련도 당신의 위대한 섭리 속에서 치유되며, 결국은 선한 길로 나를 인도하시리라는 것을 믿습니다. 당신이 보잘것없는 나 같은 인간을 향해서 품은 그 위대한 사랑을 깨닫게 해주셔서 감사합니다."

내가 산을 향하여 눈을 들리라 나의 도움이 어디서 올꼬 나의 도움이 천지를 지으신 여호와에게서로다 시 121:1-2.

돌아오는 차 안에서 내내 이 말씀이 나의 머릿속을 맴돌았다.

2004년 6월 21일

할레아칼라 화산 정상에서 보는 해돋이는 세계적으로 유명하다고 하여 새벽에 떠나야 하는 번거로움을 마다 않고 가기로 결정하였다. 새벽 2시에 떠나야 하기 때문에 일찍 잠자리에 들었지만 쉽게 잠이 들지 않아 뒤척거렸다. 밤에 거의 자는 둥 마는 둥 새벽 2시에 일어나 잠이 덜 깬 상태로 정문 앞에 나가니 벌써 해돋이를 보기 위해 떠나는 우리를 데리러 조그만 관광버스가 정문 앞에 도착해 기다리고 있었.

이곳 관광 안내원들은 원주민인 인디언들이 많았는데 모두 나이보다 젊은 모습으로 긍지를 가지고 열심히 일하고 있었다.

우리를 데리러 온 여자 운전사도 60세가 훨씬 넘은 사람으로 밤길을 능숙한 솜씨로 운전하며 자신의 이야기를 들려주었다. 자신은 일주일에 한 번씩 집을 다녀오는데 형제가 아홉 명이며 모두들 그 근처에 모여 산다고 하였다. 전기도 들어오지 않는 높은 산중에 있는 집이 불편하기는 하지만 그래도 자신은 그곳에서 사는 것이 제일 좋으며, 그곳에 태어나게 해주신 신에게 감사한다는 말을 해서 우리 모두에게 감동을 주었다.

최대한의 문명의 혜택을 누리고 많은 것을 가지고도 감사할 줄 모르는 현대인들과 무척 대조적이라는 생각이 들었다. 마우이가 자신이 어렸을 때에 비하면 엄청나게 변했다면서 점점 개발되어 자연의 모습을 잃어가는 것 같아 매우 안타깝다고 하며, 자연처럼 좋은 것은 없다고 말해 나도 그 말에 많이 공감이 갔다.

조그만 관광버스는 호텔마다 다니면서 예약된 사람들을 모아 한 식당 앞에 우리를 내리게 하더니 거기서 대기하고 있던 큰 관광버스에다 여러 곳에서 모은 사람들을 모두 태웠다. 차 안에 가득 사람들을 태우고 버스가 서서히 움직이기 시작하였다. 운전사가 산을 오르려면 몇 시간이 걸리니 그 동안 잠을 자라고 하면서 차 안에 있는 불들을 모두 꺼 주었다.

모두들 편하게 잠잘 자세를 취하느라 부산스럽던 차 안이 조금 시간이 지나니 조용해졌다. 경사진 곳을 오르는 듯 요란한 엔진 소리를 들으며 어느샌가 잠이 들어 할레아칼라 산 정상에 차가 도착할 때까지 잠을 잤다.

산 정상에 도착하니 벌써 여러 대의 버스들이 해돋이를 보기 위해 올라온 많은 사람을 태우고 와 계속해서 사람들을 내려놓고 있었다. 아직 동이 트지 않아 캄캄한 산 위에 전망대를 겸해 기념품 등을 팔 수 있게 지어 놓은 건물 안에만 환하게 불이 켜 있었다. 가운데 전망대 건물을 사이에 두고 빙 둘러서서 사람들이 해뜨는 광경을 볼 수 있도록 쇠로 만든 난간을 양쪽에 길게 만들어 놓았다.

난간을 잡고 아래를 내려다보니 낭떠러지라 현기증이 났다. 낭떠러지 아래를 자세히 보니 넓게 파인 분화구들이 사람들의 발길이 전혀 닿지 않은 태고의 모습을 그대로 간직한 듯 무한한 세월의 무게를 느끼게끔 신비하고 광대한 모습으로 펼쳐져 있었다. 분화구의 모양들이 그대로 나타나는 땅 표면의 모습은 내려가 밟으면 천길 낭떠러지로 푹 꺼져 들어갈 것 같았다. 마치 먼지가 쌓여 있는 듯한 모습으로 매우 부드러워 보였다. 그것은 색깔만 다를 뿐 사진에서 본 화성이나 달 표면을 연상케 해주었다. 고요한 산 위에 바람을 맞으며 서 있노라니 다른 우주에 온 것 같은 착각이 들었다.

모두들 숨을 죽이며 동쪽을 뚫어져라 바라보며 해가 뜨기만을 기다리고 있었다. 전망대에서 기념품을 파는 직원 중의 한 사람이 갑자기 제일 높은 난간 위로 훌쩍 뛰어 올라섰다. 자칫 잘못하면 낭떠러지로 떨어질 것만 같은 위험스러운 광경에 나는 가슴이 조마조마하였다. 난간 위에 걸터앉은 남자같이 건장한 인디언 여자가 인디언 말로 하늘을 향해 알 수 없는 주문 같은 것을 외쳤다. 무슨 의식을 행하는 듯한 묘한 느낌의 그 외침은 맞은편 산을 돌아 다시 메아리가 되어 돌아왔다.

그리고 몇 분이 지나서 5시 45분쯤 해가 떠올랐다. 해가 떠오르자 그 주위를 온갖 색깔로 물들이며 찬란한 빛을 발하기 시작하였다. 그 빛은 너무도 강하여 눈이 부셨으며 제대로 눈을 뜰 수가 없을 정도였다. 고요하게 해 뜨기를 기다리던 사람들이 약속이나 한 듯 동시에 감탄사를 발하며 여기저기서 탄성이 터져 나왔다. 웅장하고 찬란한 해가 떠오르며 하늘 주위를 물들여 가기 시작하였는데, 형용할 수 없이 찬란하고 아름다운 빛을 받아 형형색색으로 매초마다 바뀌는 하늘에서 벌어지는 파노라마에 모두가 숨을 죽이고 그 장엄한 광경을 지켜보고 있었다.

그 장엄하고 신비로운 장면을 바라보며 태고의 정적을 깨고 일어났을 상상조차 할 수 없는 하나님의 위대한 창조를 나의 하찮은 사고의 한계 내에서 상상해 보았다. 하나님의 영광이 감도는 할레아칼라 정상에서 나는 또 한번 그분의 손길을 느꼈다.

> 여호와여 광대하심과 권능과 영광과 이김과 위엄이 다 주께 속하였사오니 천지에 있는 것이 다 주의 것이로소이다 대상 29:11.

꿈속의 포옹

너희가 전심으로 나를 찾고 찾으면
나를 만나리라 렘 29:13.

2004년 7월 1일

긴 여행에서 돌아와 아침에 눈을 뜨니 마우이에서의 일들이 또다시 꿈같이 아득한 생각이 들었다. 우리는 잠자리에서 일어나자마자 누가 먼저랄 것도 없이 거의 동시에 밖으로 나갈 차비를 하였다. J. J. 한테 가기 위해서였다. 존이 빈 물통에 물을 가득 담아 들고 나갔다. 우리는 묘지로 가기 전에 꽃집에 들러 꽃을 한아름 샀다. 존이 물통을 들고 앞서서 걸어가고 나는 꽃을 들고 그의 뒤를 쫓아 말없이 걸어갔다.

하늘은 너무도 맑고 아직 한낮의 더위가 시작되지 않은 동산은 푸르른 잔디에 덮여 푸근하고 아름다웠다. 이 청명하고 좋은 날에 늙은 아버지와 어머니가 20살에 세상을 떠난 아들의 묘지를 돌보기 위해 올라가는 그 광경이란……. 나는 참담한 마음으로 무거운 발걸음을 옮겼다.

여행에서 돌아와서도 가슴속에 남아 있는 슬픔은 좀처럼 사라질 기미가 보이질 않고 무겁게 우리의 가슴을 짓누르는 듯하였다.

존이 언제 가지고 왔는지 마우이에서 J. J.를 주려고 가져온 돌을 그 애의 묘비 옆에 묻었다.

"네가 그곳에 갔었더라면 바닷가에서 꼭 이 돌을 주워 가지고 왔을 것 같아 내가 대신 너를 주려고 주워 왔다. J. J. 사랑한다. 네가 너무 보고 싶구나!"라고 말하며 존이 울고 있었다.

아! 하나님! 나도 모르게 입에서 탄식이 흘러나왔다.

우리는 한목소리로 아들의 묘비에 새겨진 시편 23편을 천천히 읽어 내려갔다.

여호와는 나의 목자시니 내가 부족함이 없으리로다 그가 나를 푸른 초장에 누이시며 쉴 만한 물가으로 인도하시는도다 내 영혼을 소생시키시고 자기 이름을 위하여 의의 길로 인도하시는도다 내가 사망의 음침한 골짜기로 다닐지라도 해를 두려워하지 않을 것은 주께서 나와 함께 하심이라 주의 지팡이와 막대기가 나를 안위하시나이다 주께서 내 원수의 목전에서 내게 상을 베푸시고 기름으로 내 머리에 바르셨으니 내

잔이 넘치나이다 나의 평생에 선하심과 인자하심이 정녕 나를 따르리니 내가 여호와의 집에 영원히 거하리로다.

읽기를 마치고 주기도문을 외우는데 목이 메었다.

2004년 7월 10일

오늘은 신디에게 감사 카드Thank You Card를 보냈다.

Dear Cynthia!

We are still very sad, and it has been really difficult living without J. J. He was our life, our dreams and our hope. Some mornings, I wake up and still cannot believe he is gone. There have been our friends, people like you that help us heal our broken hearts and souls. While we were in Hana, we saw numerous kinds of beautiful flowers which I cannot remember their names. But they were so wonderful and attractive that I told myself Heaven should be much better, and it gave me reassurance that J. J. is in a better place. I prayed in the bus, and God give us a beautiful mind like Cynthia, so that we can share lots of love with many people and help others who are in pain. I can't say thank you enough, God bless you.

Love, Karen.

신디에게

우리는 아직 J. J. 없이 살아간다는 것이 무척 힘들고 슬프기만 합니다. J. J.는 우리의 희망이고 꿈이었으며, 생명과도 같았으니까요. 어떤 날은 J. J.가 없다는 사실이 믿어지지가 않습니다. 주위 친구들이 신디와 같이 우리의 상한 마음과 영혼을 위로하며 도와주고 있답니다.

하나라는 산 중턱의 마을에 갔을 때, 이름조차 기억할 수 없고 알 수도 없는 아름답고 진기한 꽃들을 많이 보았습니다. 나는 마음속으로 이렇게 말했지요. "천국은 이곳보다 분명히 더 아름다울 것이다."라고요. J. J.는 그 아름다운 천국에 있다는 확신이 생겼습니다. 그리고 버스 안에서 기도했습니다. "하나님, 나에게 신디와 같은 아름다운 마음을 주셔서 많은 사람과 그 마음을 나누게 하여 주시고, 우리와 같이 고통 중에 있는 사람들과 아픔을 같이하며 그들을 도울 수 있게 하여 주십시오."

고맙다는 말을 말로 다 표현할 수가 없군요. 다시 한번 감사하며 하나님의 은혜가 함께하시길 바랍니다.

캐런 드림.

2004년 7월 26일

J. J. 친구들 중 여름방학 때면 거의 매일같이 만나며 지내던 친구 몇 명이 우리를 찾아와 주었다. 여름방학을 맞아 혹시나 J. J. 친구들이 찾아와 주지나 않을까 하는 기대를 한 적이 있었지만 막상 그 아이들이 찾아와 주니 얼마나 기쁘고 고마운지 우리는 아들을 본 듯 반

가웠다. 무엇보다 우리를 배려하는 그 마음이 우리를 감동시켰다.

아들이 없는 지금 그들은 누구보다 소중하게 우리 마음속에 자리 잡고 있음을 알게 되었다. 그 애가 그토록 사랑하던 친구들을 통해 우리는 그 애와 연결되는 끈을 붙들고 있는 듯하여 그 아이들과 계속 연락하며 지내고 싶었는데, J. J. 친구들도 우리와 계속해 연락하겠다고 말해 주어 너무도 고마운 마음이 들었다. 우리는 그 애와 연관된 아무것이라도 잡고 싶은 마음을 속일 수가 없었다.

제이슨 캐슬Jason Cassel은 연락이 안 돼 못 오고 존 안토넬리John Antonelli, 지미 하티Jimmy Hartey, 지미 울프Jimmy Wolfe, 톰 피쇼크Tom Peashock, 데니 로드리게스Danny Rodriquez, 마크 크로스Mark Cross가 다녀갔다. 우리는 그 아이들에게 파티를 하라고 돈을 쥐어 주었다. 그 아이들은 각자 집으로 돌아가기 전에 J. J.가 있는 곳에 들렀다 가겠다고 말하였다. 우리는 그 말이 너무 고맙고 위로가 되었다.

2004년 7월 30일

J. J.! 나는 어제 저녁부터 다가오는 너의 생일을 어떻게 보내야 할지 안절부절못하며 하루를 서성거렸단다. 네가 없는 너의 생일을 나는 어떻게 보내야 하는지 오늘 하루만이라도 세월이 비켜 갔으면 싶었는데, 시간은 어김없이 잔인한 모습으로 다가와 내 영혼을 깨우는구나. 오늘은 7월 30일 네가 스물한 번째 맞이해야 하는 너의 생일이란다.

아들아! 네가 없는 이 세상은 너무도 허전하고 쓸쓸하구나. 세상의 근심을 다 잊어버리게 하던 너의 그 순박한 웃음소리가 너무 그립다. 설날에 찍어 놓은 비디오를 보면 너의 목소리를 들을 수 있겠지만 아직은 마음의 준비가 되어 있지 않아 비디오를 볼 자신이 없구나. 아마도 아주 오랜 시간이 흘러야 그 비디오를 꺼내 볼 수 있을 것 같다. 너는 하나님이 우리에게 주셨던 이 세상에서 받은 보물과도 같은 가장 귀한 선물이었다. 너로 인해 우리가 얼마나 행복했었는지 너는 아마 상상도 하지 못할 거다.

네가 대학교 기숙사로 들어가던 날, 우리는 처음 이별이라는 것을 하여야 했다. 18년이라는 세월을 거의 떨어져 지내 본 적이 없던 너를 네가 다닐 대학교 기숙사에 내려놓고 뒤돌아오던 길에 인간에게 숙명처럼 부여된 이별의 아픔을 조금은 맛보았던 것 같았지만 너와의 이런 이별은 상상도 못했었지…….

너에게 눈물을 보이지 않으려고 빠른 걸음으로 뒤돌아 내려오는 나의 등 뒤에서 너의 그 정겨운 시선을 느꼈었다. 너는 정이 많고 마음이 따뜻해 항상 주위의 많은 사람에게 훈훈하고 아름다운 마음을 전해 주곤 하였었지. 너를 기숙사에 두고 돌아오는 길은 마침 저녁나절이라 하루를 마무리하는 태양이 길게 뻗어 있는 산등성이를 넘어 하늘가를 붉게 물들이며 지고 있었단다.

황금색으로 하늘을 물들이며 노을이 짙어가는 하늘가를 바라보며 너의 아빠와 나는 왠지 허전하고 외로워서 뚫어져라 하늘만 응시하고 있었던 기억이 난다. 그때 타는 듯한 저녁노을 속으로 외롭게 날아오르던 한 마리 새가 있었다.

꿈속의 포옹

나는 그 외로운 새를 보며 너를 떠올렸었다. 너도 네 삶의 성장을 위해, 미래의 꿈을 위해 끝없이 끝없이 비상하며 언젠가는 부모 곁을 떠나 더 높이 날아 올라가야 하리라는 생각을 하면서…….

그런데 너는 너무 빨리 너무 높이 날아 천국까지 날아갔구나! 아들아! 허상과 같은 이 세상은 잠깐이고 아마도 꿈같이 지나갈 것이다. 나는 하나님이 허락하신 시간 안에서 이 땅에 살면서 나에게 주어진 소명에 충실하며 조금 더 머물다가 내 육체에서 영혼이 떠나는 그 어느 날, 네가 있는 그곳으로 환희에 차서 높고 높은 그곳을 향해 오를 것이다. 주님과 너를 만날 그 벅찬 기쁨을 가지고…….

우리 그곳에서 만나면 다시는 헤어지지 말자. 우리 다시 손을 잡게 되면 그 잡은 손을 놓치지 말고 꼭 붙들자.

모든 눈물을 그 눈에서 씻기시매 다시 사망이 없고 애통하는 것이나 곡하는 것이나 아픈 것이 다시 있지 아니하리니 처음 것들이 다 지나갔음이러라계 21:4.

2004년 8월 1일

나에게는 칼레타Carletta라는 미국인 친구가 있다. 그녀는 손종수라는 한국 남자와 결혼해 살고 있는데 남편을 위해 한국 요리를 배워 거의 못하는 것이 없는 사람이다. 심지어는 김치까지도 담그며 김치도 종류별로 다 좋아해서 가끔은 나와 칼레타 중 누가 한국 사람인지 착각이 들 정도다.

  이 부부는 십 몇 년 전에 한국에서 갓난아이를 입양한 적이 있었다. 10개월 된 남자아기였는데 입양한 지 2개월 만에 갑작스런 죽음으로 아이를 잃어버렸다. 이 부부는 아이를 입양해 오기 위해 집을 장만하는 등 입양 기관에서 원하는 조건을 맞추느라 그 과정이 꽤 힘들고 어려웠다고 하였다. 그렇게 힘들고 오랜 시간을 기다려 얻었는데, 아기가 죽고 난 후 그 충격으로 부부가 오랫동안 힘든 시간을 보냈다고 하면서 내가 힘들어 할 때 많은 위로가 되어 주었다.

  칼레타는 그 아기가 죽은 뒤 눈에 밟혀 많은 날을 뜬눈으로 지새웠다고 하였다. 슬픔을 이기기도 힘들었지만 무엇보다 아기가 천국에 갔다는 확신이 없어 무척 괴로웠다고 하였다. 그러면서 아기가 천국에 있다는 확신을 얻으면 많은 위로가 될 것 같아 하나님께 그 아기가 천국에 있는 것을 보여 달라고 매일 밤 기도했다고 하였다.

  그러던 어느 날 밤 꿈속에서 그 아기가 돌아가신 자신의 부모님 품에 안겨 있는 것을 보고서야 마음이 놓였다고 말했다. 나도 하나님께 간절히 기도하면 J. J.가 천국에 있는 꿈을 보여 주실 것이라고 하면서 나를 위로해 주었다.

    오직 여호와를 앙망하는 자는 새 힘을 얻으리니 사 40:31.

2004년 8월 3일

　나는 꿈속에서라도 J. J.를 한번 만나 보고 싶은 마음에 잠들기 전에 누워서 오직 그 애만을 생각해 보기도 하고 어떤 날은 거의 하루 종일 J. J.를 끊임없이 생각하면서 다른 생각에 마음을 빼앗기지 않으려고 노력해 본 적도 있었다.

　꿈을 꾸어 보려고 내 딴에는 온갖 노력을 다 기울였는데도 이상하게 7개월이 지나도록 꿈속에서 J. J.를 한번도 본 일이 없었다. 여태까지 꿈을 꾸는 경우는 대개가 실생활에서 생각지도 않았던 엉뚱하고 이해되지 않는 일들이 꿈속에서 일어나기도 하고, 대개는 충격적인 사건이나 어떤 사람에 대하여 많이 생각을 하게 되면 영락없이 꿈속에 나타나는 경우가 많았다. 그런데도 이 상황 속에서 J. J.가 내 꿈에 나타나지를 않는 것은 이상하고 설명이 잘 되질 않았다.

　나는 생각다 못해 하나님께 천국에 가 있는 J. J.를 꿈에서 보게 해달라고 황당한 기도를 하기 시작하였다. 그러나 몇 달이 지나도 그 애는 한번도 꿈속에 나타나지를 않았으며 초조하고 답답한 마음까지 들었다. 또 한편으론 아직도 천국에 대한 확신이 없어서 이런 기도를 하고 있는 나 자신이 한심한 생각이 들었다.

　그러나 나는 포기하지 않고 하나님이 내게 꼭 필요한 것이면 언젠가는 주실 것이라는 생각을 가지고 꾸준히 기도하였다.

2004년 8월 5일

아침에 눈을 뜨자마자 또렷하게 머릿속에 떠오르는 황홀한 꿈!

어젯밤 꿈속의 일을 선명하게 머릿속에 떠올리며 그 장면을 생각하니 기쁨으로 가슴이 떨리며 나의 기도를 들어주신 하나님께 감사를 드렸다.

어젯밤 드디어 J. J.가 꿈속에 나타난 것이었다. 꿈속에서 밝은 대낮인 듯 창문을 통해 희뿌연 햇살이 비쳐 들어오고 있었는데, 갑자기 현관문이 열리며 J. J.가 평상시와 똑같은 모습으로 "Hi! Mom"이라고 인사를 하며 오른손을 번쩍 쳐들고 그 애 특유의 환한 미소를 지으며 문을 열고 집안으로 들어섰다. 그 모습은 생시와 같이 너무도 또렷하고 선명하여서 나는 꿈속에서도 꿈이 아닌가 생각을 하며 너무 반갑고 놀라워 그 애를 덥석 껴안았다. 그 애도 나를 힘껏 안아 주었다.

그때에 내 온몸 속으로 퍼지던 행복하고 따스한 느낌은 이 세상에서 여태까지 느껴 보던 그 어떤 행복과도 비교할 수 없는 환희 그 자체였다. 나는 너무 반가워 다시 한번 그 애를 꼭 껴안으며 그 애의 온 얼굴에 키스를 퍼붓기 시작하였다. 정말 몇 달 만에 안아 보는 아들이었는지…….

그 순간에 온몸을 전율시키던 황홀하고도 신비스러운 느낌은 말로 다 표현하기 어려웠다. 그리고 그 애를 포옹하며 느꼈던 그 평온함은 지금도 그 애의 체온과 함께 느껴질 정도로 너무도 생생하였다.

그 꿈은 하루 사이에 나를 완전히 다른 사람으로 바꿔 놓았다. J. J.가 이 세상을 떠난 이후 어제까지만 해도 나에게 아무 의미가 없었던 행복이라는 단어가 오늘은 내 감정을 표현하는 언어로 쓰여졌고, J. J.를 이 세상에서 다시는 볼 수 없다고 절망하던 내 마음에 희망을 불어넣어 주었다.

나는 하루 종일 너무도 좋은 느낌의 그 꿈을 생생하게 기억할 수 있어 너무 행복하였다. 사람들을 만날 때마다 흥분된 내 감정을 숨길 수 없어 즐겁게 떠들며 하루를 보내면서도 한편으론 그 꿈속의 한 장면 한 장면이 흩어질까봐 조심스럽기도 하였다.

나는 그 황홀한 느낌을 오래 간직해 보려고 시간이 날 때마다 눈을 감고 그 꿈을 머릿속에 자꾸 그려 보았다. 한 장면 한 장면 선명하게 꿈속에서처럼 생생하게 기억이 되었다. 그리고 그 애의 체온과 황홀함도 또 그 평온함도…….

현실인지 꿈인지 분간하기 어려울 만큼 생생한 그 꿈을 통해 천국에서 다시 만날 때까지 그 애를 가끔 꿈속에서 만날 수 있다는 희망이 생기며 그 희망은 나에게 큰 위로가 되었다. 하나님은 믿음이 약한 나에게 그 좋은 꿈을 통하여 그 애가 천국에 있다는 강한 확신을 마음속에 심어 주셨다.

천국에 대한 확신이 생기니 앞으로 세상을 살아가는 동안 무엇을 하든지 별로 애착이 느껴지지 않을 거라고 생각했던 모든 것에 애착이 생기며, 이 세상에서 남은 날들이 천국을 가기 위한 준비라고 생각하니 한순간도 허비할 수 없는 귀중한 날들이라는 생각이 들었다. 오늘은 미래를 향해 굳게 닫혀 있던 마음의 문이 내일을 향해 활짝 열리는 것을 느낄 수 있었다.

나는 표적을 구하는 어리석은 인간에게 꿈을 주신 하나님께 감사드렸다.

그 꿈은 너무도 좋아서 생각만 해도 입이 벌어지며 기쁨이 샘솟 듯하여 며칠 동안 그 느낌을 간직한 채 살 수 있었다.

2004년 8월 12일

나는 어젯밤에 또 이상한 꿈을 꾸었다. 꿈속에서도 밤이었는데 비행접시 비슷한 물체가 빛을 발하며 내 머리 위를 지나가고 있었다. 그때 선뜻 내 마음속에 주님이 지나가신다는 생각이 들었다.

나는 성경에 나오는 혈루병 앓던 여인의 이야기를 생각하며 나도 그렇게 강한 믿음이 있어야 하는데 하며 간절한 마음으로 그 물체를 만졌다. 그때 내 몸에 전류처럼 흘러 들어오던 평안하고 행복한 그 느낌은 일주일 전 꿈속에서 J. J.를 안았을 때와 똑같은 인간의 언어로는 표현하기 힘든 황홀하고도 신비한 느낌이었다.

하루 종일 그 꿈을 생각하며 가슴이 터질 듯한 기쁨을 안고 하루를 보냈다. 나는 꿈속에서 느꼈던 그 행복함에 온몸이 전율하며 하루 종일 입이 다물어지지 않을 정도로 미소가 떠올라 그 미소를 감추느라고 애를 먹었다.

　꿈은 달랐지만 꿈속에서 느꼈던 느낌이 똑같으니 왠지 꿈이 예사롭지 않다는 것을 알았지만 그저 좋은 꿈으로만 간직하고 아무에게도 말하지 않았다.

　가끔은 천국에 대해 의심하고 믿어지지 않는 마음 때문에 갈등하고 낙심하며, 근본적으로 나를 괴롭혀 오던 천국에 대한 문제가 어느 순간 해결된 것 같은 생각이 들었다. 피상적으로 그리고 느껴 보려고 노력하던 천국이 이미 내 마음속에 들어와 있는 것을 알았다.

　이제까지 복잡하게 생각해 왔던 모든 문제가 순간 다 정리가 된 것 같이 머릿속이 개운해졌다. 하나님이 믿음이 약한 나를 불쌍히 여기시어 천국에 대한 확신을 꿈을 통하여 내 마음속에 심어 주시는 것이라고 생각하니, 그 은혜에 감사하여 나를 긍휼히 여기셔서 자비의 손길을 내려 주신 하나님께 감사의 기도를 드렸다.

　가슴 뻐근하도록 오랜만에 느껴 보는 기쁨이 내 전신을 감쌌다.

　그토록 멀리서 찾으려고 노력했던 천국은 이미 내 마음속에 자리 잡고 있었다.

　아무렇게나 살아지겠지라고 생각하며 내던져 버렸던 나의 삶도 애착이 생기며 다시 끌어안고 싶어졌다.

잠자리에 누워 나는 설레이는 마음으로 잠을 청해 보았다. 내일은 나를 위해 또 어떠한 하루를 준비해 놓으셨나 생각하니 가슴이 벅차 오르기까지 하였다.

2004년 8월 25일

며칠 전에 또 한번 비슷한 꿈을 꾸었다. 이번에도 J. J.를 통한 것이었는데 세 번이나 똑같은 꿈을 꾼 것이었다. 꿈의 내용은 다르지만 꿈속에서 느꼈던 느낌은 세 번 다 똑같아서 신기한 생각이 들었다. 그리고 이내 마음 한구석에서 탄성이 새어 나왔다.

"하나님은 이 꿈을 통하여 나에게 천국의 맛을 보게 하여 주신 것이다"는 생각이 불현듯 들며 이 꿈을 통해 나에게 메시지를 전해 주신 것이라는 깨달음이 왔다. 또한 주님이 연약한 믿음의 소유자인 나를 불쌍히 여기셔서 친히 찾아와 주신 것이라는 생각이 들었다. "예수님이 나를 찾아와 주신 것이다." 그분은 가장 사랑했던 아들의 모습으로 오셔서 나에게 소망과 위로를 주고 천국에 대한 확신을 내 가슴속에 심어 주신 것이었다.

내 온몸을 감싸던 신비스럽고 평온한 느낌, 이 세상에서 맛보시 못했던 그 특이한 경험이 이 세상의 것이 아닌 천국의 것이 아닌가 하는 생각도 해보았다. 이 세상의 언어로는 표현이 안 되는 그 느낌을 표현해 보려고 온갖 언어를 다 머릿속에 떠올려 보았지만 나는 끝내

정확한 말을 찾지 못했다.

천국은 어떤 것으로도 설명이 안 되는 인간의 상상을 초월한 그 한계를 뛰어넘은 하나님만 아시는 비밀이기 때문이었다. 나는 불세례를 받은 듯 성령 충만하여 하루를 보내며 조심스러운 마음이 들어 이 꿈을 아직 아무에게도 말하지 않았다.

나는 실성한 사람처럼 자꾸 입이 벌어지며 알지 못할 기쁨에 떨고 또 떨었다.

너희가 전심으로 나를 찾고 찾으면 나를 만나리라렘 29:13. 아멘.

날개를 펴고

농병상련

한국 방문

소망_생명을 불어넣는 생기

위로받는 자가 위로하는 자로

은총의 날개를 펴고

동병상련

> 만일 한 지체가 고통을 받으면 모든 지체도 함께 고통을 받고
> 한 지체가 영광을 얻으면 모든 지체도 함께 즐거워하나니 고전 12:26.

2004년 9월 11일

컴페셔니트 프렌즈Compassionate Friends라는 단체를 찾아갔다. 이 단체는 굿 셰퍼드Good Shepherd 교회에서 매달 첫째 목요일에 모임을 갖는데, 자식을 잃어버린 부모들이 모여 같은 상황에 처한 사람들끼리 서로 도움이 되고자 만나는 것이었다.

교회에 들어서니 그곳에서 만난 몇몇 사람은 서로가 자주 만나서 잘 아는 사이인 듯 무척 반기며 포옹을 하기도 하고 군데군데 모여 차나 커피 등을 마시며 담소를 나누고 있었다.

사람들은 서로 공감하는 부분이 있으면 급속도로 가까워지며 마

음도 금방 열게 되는 것 같았다. 서로가 같은 처지에 있다는 사실 하나만으로도 정감이 가고 낯설게 느껴지지 않았다.

그곳에 가서 놀란 것은 참석한 사람들이 의외로 많다는 사실이었다. 그곳에 오는 사람 중의 하나가 오늘이 아들의 생일이라고 하면서 케익과 커피를 둥근 테이블에 준비해 놓았다. 중앙에 있는 테이블 위에는 책을 많이 구비해 놓았는데, 모두가 고통을 딛고 일어선 사람들의 이야기이거나 목사님들의 저서 또는 아름다운 수필집이었다.

정각 8시가 되니 처음 이곳에 나온 사람과 오래전부터 모이던 사람들을 구분하여 두 그룹으로 나누었다. 우리는 그곳을 처음 찾은 사람들과 함께 첫 번째 방으로 들어갔다.

방 중앙에는 큰 테이블이 있고 그 주위에 둥그렇게 의자가 놓여 있었는데 모두 마주보며 자리에 앉았다. 눈으로 사람들을 세어 보니 오늘 처음 나온 사람은 우리까지 열한 명이었다. 우리는 돌아가며 자기 소개를 하고 서로가 자식의 이름을 말한 뒤에 어떻게 해서 자식을 잃게 되었는지 차례로 이야기하기 시작하였다.

먼저 캐럴Carol이라는 여자가 입을 열었다. 7년 전 12월에 대학에 있던 아들이 집으로 돌아오다 자동차 사고로 목숨을 잃었으며, 몇 년 전까지만 해도 12월이 오면 너무 견디기 힘들어 문을 걸어 잠그고 드러누워 있었다고 하였다. 정신과 치료까지 받은 적이 있는데 올해는 친구가 권해서 이곳까지 오게 되었다고 말하였다. 자신이 제일 힘들었던 것은 주위 사람들은 빨리 모든 것을 잊고 예전과 같이 지내기를 원하지만 자신은 이미 그전에 아무 일도 없었던 상태로 돌아갈 수 없다는 것을 사람들은 모른다고 하면서 울기 시작하였다.

우리는 모두 그 마음을 이해할 수 있었고 우리들 자신도 경험했던 이야기라 모두가 공감하며 가슴이 아팠다. 모두가 캐럴을 따라 울기 시작하였다.

다음에는 우리 옆에 있던 노부부가 교통사고로 아들과 며느리를 잃어버렸다고 하였다. 자신들에게 아이들을 맡기고 잠깐 병원에 있는 친구를 방문하러 갔다가 변을 당했다고 하며 지금 손주 둘을 키우고 있다고 울먹거리며 말하였다. 우리는 이미 새빨갛게 충혈된 눈들을 크리넥스로 꾹꾹 누르며 다시 울기 시작했다.

그 다음에는 혼자 온 흑인 여자가 2년 전 부활절 저녁에 식사하기 바로 전 아들이 잠깐 다녀오겠다고 하고 나가서는 동네 청년에게 권총으로 살해되었다고 하였다. 자신은 그 이후부터 마음속에 분노가 가득 차 있어서 마음을 다스리기가 힘들다고 하소연하였다. 무엇보다 괴로운 것은 자기 아들은 마약을 팔지 않았는데도 동네 사람들이 자신의 아들이 마약을 팔다가 그렇게 되었다고 말하는 것을 참을 수가 없다고 하였다.

우리는 돌아가면서 이야기를 하며 가운데 있는 크리넥스 박스에서 휴지가 다 없어질 때까지 울고 또 울었다.

나와 바로 맞은편에 앉아서 계속 울며 침묵을 지키던 부부가 입을 열고 충격적인 말을 하였다. 이 부부는 아들이 셋 있는데 그중에 큰 아들은 마약 중독자였다고 했다. 얼마나 속을 썩였는지 크리스마스 때면 항상 일을 저질러 경찰서로 가서 아들을 데리고 와야 했으며 혹 어쩌다가 경찰서로 가지 않고 아무 일 없이 크리스마스 저녁 가족들과 모여 식사를 하게 된 때도 있었는데, 결국은 그 아들이 화를 내거나 싸움을 시작하여 조용한 크리스마스 저녁을 보내기가 힘들었다고 하였다. 그러나 그 아들이 죽고 난 후에 크리스마스 때 식구들이 모이면 말썽부리는 사람이 없어 조용하기는 하지만 자기들은 그 말썽 부리던 아들이 보고 싶어 다시는 크리스마스 파티를 할 수 없노라고 말하며 부부가 연신 눈물을 닦았다.

다시 한번 부모가 자식을 향한 사랑이 얼마나 처절한가를 느끼게 해주는 말이었다.

11명 정도의 사람들이 저마다 아픈 상처를 내보이며 고통을 토해 내고 있었다. 우리는 서로 쳐다만 보아도 그 아픔을 느낄 수 있었다.

나는 차례가 되어 조금 나 자신의 이야기를 한 다음 "인간적인 방법으로는 아무리 노력해도 우리의 상처가 아물 수 없다는 것을 나는 깨달았습니다. 오직 하나님의 말씀과 사랑만이 우리를 치유할 수 있으며 하나님의 은혜 가운데 우리는 소망을 가지고 살아가야 합니다."라고 말했다. 나도 모르게 확신에 가득 찬 말을 한 것이었다. 나는 그 순간 주님의 손길을 느끼며 나의 상처가 많이 치유되어 가고 있음을 깨닫게 되었다. 우리는 헤어지며 서로 포옹을 했는데, 조금 전에 서로를 모르던 낯선 사람이 아닌 같은 운명을 가지고 한 배를 탄 공동 운명체였다.

우리가 탄 배는 앞으로 어떤 풍랑을 만날지 아무도 모른다. 그러나 우리는 목적지를 알고 있으니 지칠 땐 서로를 격려해 주면서 힘을 모으면 조금은 덜 외롭지 않을까 하는 생각을 했다. 나는 그들에게 힘이 되어 주고 싶었다.

2004년 9월 18일

월드 비전World Vision에서 이번에 새로 도와주기로 한 아이들의 사진과 환경에 대한 안내서가 왔다. 이 아이 중 하나는 캄보디아에서 늙은 할머니와 살고 있고, 한 아이는 거의 고아나 다름없이 먼 친척 집에서 지내고 있었다.

나는 가끔 그 아이들의 사진을 들여다보며 기도를 하곤 하였다. 이들이 하나님의 사람으로 자라기를 간절히 원하면서……. 앞으로 할 수만 있다면 이렇게나마 많은 자녀를 두기로 했다. 이들도 나 자신이나 J. J.와 같이 모두 하나님의 자녀라는 생각이 들었다.

2004년 10월 17일

나의 치과 의사이기도 한 '박진호'라는 사람이 있다. 그는 소년 같은 수줍은 미소를 띠고 바쁜 일정에도 오지로 의료선교를 다녀오기도 하는 매우 성실하고 항상 주님의 향기를 드러내는 아름다운 사람이다. 우리는 또한 가끔 만나는 음악 모임의 같은 멤버이기도 하다. 가끔 모임을 가지는데 그곳에서 그가 가수 하덕규 씨 마니아Mania인 것을 알았다. 나도 하덕규 씨 노래를 무척 좋아하지만 박진호 씨는 힘들고 방황하던 학창 시절 그의 노래에 많은 영향을 받았다며, 하덕규 씨를 생각하는 각별한 마음은 아무도 따라갈 수가 없었다.

이번에 몇 명의 크리스천으로 구성된 문화 단체에서 박진호 씨가 주동(?)이 되어 하덕규 씨를 초청하게 되었다. 그 일을 위해 박진호 씨가 한국까지 다녀올 정도로 수고한 결과 드디어 하덕규 씨가 공연을 하러 왔다.

나도 설레는 마음으로 그의 노래를 들으러 갔다. 하덕규 씨가 젊은 날에 자신이 희망 없는 나날을 보내며 막다른 골목길에서 방황하다가 하나님을 만난 이야기를 하였다. 그러면서 자신을 구원해 주시고 빛과 희망으로 가득 찬 새로운 삶을 주신 하나님을 찬양하는 간절한 마음을 담아 노래하였다.

그가 고통 중에 만나서 함께하여 주신 하나님을 나도 알기에 그의 찬양과 간증에 나도 모르게 눈물이 흘러내렸다. 그리고 나도 가슴으로 찬양을 드렸다.

　나중에는 그곳에 모인 사람들이 한마음이 되어 동요를 불렀는데 모두가 동심으로 돌아가 다같이 노래를 불렀다. 모두들 추억에 젖은 채 잠시나마 옛 친구를 만난 듯 마음이 훈훈해짐을 느꼈다. 공연이 끝나고도 사람들이 헤어지는 것이 아쉬운지 오랫동안 그곳을 떠나지 않고 서성거리며 동행해 온 사람들과 이야기를 나누는 모습을 보았다. 쌀쌀한 바깥 날씨와는 다르게 따뜻한 사람들의 마음이 교회 안을 훈훈하게 데우고 있는 듯하였다.

　공연이 끝난 뒤 항상 사람들에게 집을 열어 놓고 대접하기를 좋아하는 박민호 집사님 집에서 몇 명이 모였는데, 나는 그곳에서 처음으로 하덕규 씨와 마주앉아 이야기를 나누었다. 그리고 그의 겸손함과 항상 소외된 사람에게 마음을 쓰는 것에 감동을 받았다.

2004년 10월 20일

　강성필 사모님과 일대일 제자양육 성경 공부를 하며 매주 복습하듯 다시 한번 제세직으로 배우게 되었다. 성경 공부를 통하여 더욱더 확실한 구원의 확신과 "시험을 이기는 삶", "순종하는 삶", "사역하는 삶"에 대해 깊이 깨닫게 되었다. 그리하여 더욱더 분명하게 내가 살아가야 하는 방향을 알 수 있었고 사모님과 나누는 중보 기도를 통하여 많은 은혜를 받았다. 하나님께 받은 온화한 은사로 조용히 자신의 길목을 지키며 주님께 바치는 삶을 살아가려고 노력하는 사모님의 모습이 너무도 아름다워 보였다.

사모님은 기도 중에 항상 나에게 많은 영의 자녀들을 두게 해 달라고 하나님께 기도하곤 하였다. 나는 그 기도가 마음속에 와 닿아서 생각날 때마다 주위의 아이들을 비롯하여 특히 선교사의 자녀들을 위하여 열심히 기도하기 시작하였다. 그리고 앞으로도 할 수만 있다면 많은 아이를 도와주려고 마음먹었다. 그리하여 사모님의 기도대로 많은 영의 자녀를 두려고 생각했다.

하루를 마무리하며 밤마다 무릎 꿇고 기도하며 하나님과 대화하는 시간들이 길어졌다. 그 시간은 나의 일과 중에 가장 소중하고도 행복한 시간이 되었다.

2004년 10월 28일

나는 오늘 박진호 씨로부터 소포를 하나 받았다. 소포를 열어 보니 놀랍게도 하덕규 씨가 왔을 때 찍은 사진을 예쁜 액자에 넣어 나에게 보내 준 것이었다. 모두들 시간에 쫓기어 마음뿐이지 실제로 무슨 일이든 행하기가 쉽지 않은데 바쁜 시간을 쪼개어 나에게 마음을 써 준 것이 너무도 고마웠다. 그의 마음속에 다른 사람을 긍휼히 여기는 마음이 담겨 있어 복받은 사람이라는 생각이 들었다. 나를 배려하는 그의 마음이 너무도 귀하기에 박진호 씨는 사랑이 많은 사람이라는 생각이 들었다.

나도 조그만 일이지만 행함으로써 그리스도의 향기를 드러내는 사람이 되어야겠다고 생각하며 주위 사람들에게 사랑을 많이 베풀며 살아가리라 다짐해 보았다.

2004년 12월 18일

아일린이 일하고 있는 펄벅 재단에서 입양한 아이들을 위해 크리스마스 파티를 열어 준다고 해서 나는 아일린과 함께 그곳에 가기로 했다. 짐이 운전을 했는데 한적한 교외의 밤길을 달리는 차창 밖에는 음산하고 지척을 구분할 수 없는 짙은 안개들이 연기와 같이 뿌옇게 차창가로 몰려왔다가는 사라지고 하면서 어지럽게 어둠 속을 누비고 다녔다. 밤안개가 잔뜩 끼고 가랑비가 내리는 칠흑 같은 밤길을 더듬어 우리는 간신히 그곳에 도착했다.

입양 재단은 펄벅이 생전에 살던 집 옆에 위치하고 있었고 그 옆에는 펄벅이 살았던 생가로 모든 것이 거의 다 옛날 모습 그대로 잘 보존되어 있었다. 펄벅이 살았던 집은 옛날의 농가를 개조해서 만든 꽤 큰 집이었다.

생전에 쓰던 타자기며 입양한 아이들 사진과 중국에서 살면서 수집해 온 낯익은 중국 물건들이 잘 진열되었으며 노벨상을 받는 사진도 진열되어 있었다. 그녀는 집 안에서 대개 글을 썼는데, 아래층 한 구석에 그녀가 사용하던 방에는 글쓸 때 사용하던 타자기와 펜 등이 책상 위에 반듯하게 놓여 있었다. 안내자의 이야기로는 펄벅은 무척 자신에게 철저하고 절제 있는 생활을 했는데, 집 안에 있는 자기 사무실로 출근해서 저녁때가 되어서야 그곳에서 나왔다고 하니 자신에게 얼마나 철저했는가를 알 수 있었다.

아일린은 외국에서 입양해 오는 아이들을 맞으러 양부모와 같이 공항을 나가기도 하며, 아이들이 입양된 후 부모나 아이들 사이에 문제가 있지는 않은지 계속해 그들을 돌보고 상담하는 일을 했다. 주로 중국이나 한국, 동남아 등에서 많은 아이가 입양되는 것 같았다.

파티를 하는 장소로 가니 양부모 손에 이끌리어 하나 둘씩 아이들이 들어오기 시작했다. 아주 갓난아기도 있었는데 주로 동양 아이들이 많았다. 아일린이 한 아이를 가리키며 한국 아이라고 하였다.

그 아이가 동양 사람인 나를 자꾸 쳐다보았다. 나는 머나먼 땅으로 새 부모를 찾아온 그 애가 너무 안쓰러워 눈물이 나오려는 것을 억지로 참았다. 그리고 이 땅에서 그 아이가 좋은 뿌리를 내리고 살기를 빌었다.

양부모들 손에 이끌리어 줄지어 들어오는 아이들은 행복한 표정이었지만 나는 괜스레 마음이 애틋하고 아파 와서 아이들에게서 눈을 뗄 수가 없었다.

2004년 12월 24일

크리스마스이브 오늘은 J. J.가 많이 생각나고 마음이 가라앉아 좀처럼 회복되지를 않았다. 하루 종일 흐린 날씨가 계속되고 잿빛으로 뭉쳐진 구름들이 내 마음속으로 흘러 들어온 듯 가슴속을 온통 먹구름으로 만들었다. 그리고 먹구름은 어느새 빗물이 되어 가슴속을 두드리기 시작하였다. 내 가슴속엔 그칠 줄 모르는 비가 점점 큰소리를 내며 세차게 내리고 있었다. 소낙비처럼 큰소리를 내며 자꾸자꾸 내렸다. 가슴을 두드리며 내 가슴속에서…….

이맘때면 거실을 꽉 채운 크리스마스트리를 바라보면서 세 식구가 소파에 눕거나 비스듬히 기대어 앉은 채 그 동안 밀렸던 이야기들을 나누며 웃고 떠들던 작은 행복이 생각나서 가슴이 자꾸 허전해짐을 느꼈다.

특히 J. J.가 학교에서 가지고 온 이야기 보따리를 풀어놓으면 우리는 그 애의 끊임없는 이야기에 많이 웃곤 하였다. 저녁 8시쯤 우리 세 식구는 항상 크리스마스 찬양 예배에 참석하여 촛불을 들고 이 세상에 구세주로 오신 아기 예수를 맞이하는 감격스런 마음으로 고요한 밤을 부르며 교회 밖을 나오곤 하였다. 그런데 J. J. 없이 우리 두 사람이 교회에 갈 생각을 하니 기분이 착잡하였다.

올해는 아예 크리스마스 장식을 하지 않았다. 아니, 할 수가 없었다는 말이 더 맞는 것일지도 모른다.

크리스마스 때 J. J.가 병원에 있던 일이 생각나고 J. J.에게 선물도 줄 수 없으니 너무도 괴로웠다. 우리는 도망치듯 여행을 다녀올까, 어떻게 하루를 보낼까 생각하다 혹시 혼자서 있을지도 모르는 캐럴 생각이 났다. 전화를 걸어보니 캐럴이 동생 집에 갈까 하다 그냥 혼자 집에 있으려고 한다는 말을 해주었다.

우리는 서둘러 점심을 사 가지고 그녀의 집으로 갔다. 그녀는 혼자서 외롭게 TV를 보며 앉아 있다가 우리를 반갑게 맞아 주었다. 그녀를 찾아가서 점심을 같이 먹으며 한나절을 보내고 우리는 서로가 마음에 위안을 받았다.

우리가 일어나서 집을 나오려고 하니 캐럴이 촉촉한 눈으로 다가와 나를 한참 동안 끌어안았다. 하나님은 나에게 넘치도록 사랑을 부어 주셔서 캐럴에게 사랑을 많이 나누어 줄 수 있게 하셨다. 나도 그녀를 힘껏 끌어안으며 나를 통해 그녀가 위로받게 하심을 감사드렸다. 나의 눈물샘을 그녀가 건드렸는가 보다. 나의 눈에도 어느새 이슬처럼 눈물이 맺히고 있었다.

교회에서 예배를 드리고 집으로 돌아오는 길에 집집마다 밤하늘에 유난히 아름다운 크리스마스 장식과 환하게 불을 밝힌 집들이 많은 것으로 보아 가족들이 다 모여 있는 듯하였다.

조금은 쓸쓸한 생각이 들었지만 온 세상에 축복이 내리는 밤이라는 생각이 들었다. 집으로 들어오려고 하는데 쓰레기통을 뒤지고 다니는 야생 고양이가 문 앞에 있다가 나를 보더니 놀라서 도망을 갔다. 요즈음은 쓰레기들을 비닐 백에 넣어 쓰레기 회사에서 주는 큰 플라스틱 통 안에 넣기 때문에 야생 동물들이 먹이를 구하기가 힘들거라는 생각이 들었다. 이 추운 날에 밖으로 돌아다닐 고양이가 마음에 걸렸다. 먹이를 구해야 할텐데…….

2004년 12월 28일

앞뜰에 우뚝 선 나뭇가지 사이로 스며드는 찬란한 햇살을 온몸으로 받으며 나도 앞마당에 우뚝 서 있는 나무처럼 허리를 꼿꼿이 세워 마당 한가운데 우뚝 서 보았다.

일년을 살아온 무게가 나무의 나이테만큼이나 길게 느껴졌다. 내가 혼자 설 수 없었던 날들이 뇌리를 스치고 지나가면서 나약한 인간의 의지를 가지고 헤쳐 나가기가 힘들었던 하루하루가 다시 내 기억 속에 되살아난 듯 마음이 아파 오기 시작하였다.

초겨울의 강풍을 끝내 이겨내지 못하고 나무에서 떨어진 잔가지들이 앞마당 곳곳에 앙상하게 널려 있는 모습을 보며 겨울의 차가운 공기를 힘껏 들이마셨다. 코끝이 찡하도록 시려 오며 새삼 생명에 대한 감사가 솟아올랐다. 연약한 인간 본연의 모습으로 어쩌면 지금쯤 나뭇가지와 같이 밀려져 뒹굴고 있을지도 모르는 나약한 인간을 끝까지 사랑하셔서서 생명을 영위하게 해주신 하나님의 은혜가 가슴에 사무쳐 오는 것을 느꼈다.

견디기 힘들다고 주저앉아 버렸던 나에게 다가오셔서 인내와 사랑으로 침묵하시며 만져 주시던 성령님의 그 큰 가슴을 나는 지금도 기억하고 있다.

내가 다시 일어나 굳건히 설 수 있도록 많은 사람이 나의 손을 잡아주었고 차갑게 식어가는 나의 가슴을 녹이기 위해 따뜻한 가슴을 빌려준 사람들을 결코 잊을 수가 없었다. 그들은 그리스도의 향기로 나를 감싸며 빛이 있는 곳으로 인도해 주었다.

> 만일 한 지체가 고통을 받으면 모든 지체도 함께 고통을 받고 한 지체가 영광을 얻으면 모든 지체도 함께 즐거워하나니 고전 12:26.

나는 길거리에서 눈길이 마주치는 사람마다 그리고 서로 어깨를 스치고 지나가는 사람마다 그들의 귀에다 대고 이렇게 속삭이고 싶었다.

"당신 가슴속에 있는 사랑을 조금만 꺼내서 병들고 고통받는 외로운 이웃에게 나누어 주세요. 우리는 하나이고 지체의 각 부분들이니까요. 당신의 조그만 관심이 외로움에 병들어 죽어가는 그들을 살릴 거예요."

2004년 12월 30일

　미국은 새해 전날 밤이 일년 중 가장 큰 명절 가운데 하나이다. 많은 사람이 호텔이나 가정에서 파티를 하다가 뉴욕 맨해턴 중심부에 있는 타임스 스퀘어Times Square 광장에 설치된 시계가 새해를 알리면 다음해로 시작되는 그 순간 모두들 환호성을 지르고 폭죽을 터트리는 등 즐거움으로 새해를 맞이한다. 우리 세 식구는 교회를 가거나 집에서 조용히 새해를 맞곤 했는데, 새해가 시작되는 순간에는 항상 셋이서 포옹을 하고 서로에게 하나님의 은총이 함께하기를 빌어 주며 새로운 한해를 맞게 해주신 하나님께 감사하곤 했다.

　낮에 잠깐 커피 전문점에 들렀는데 커피를 사기 위해 길게 줄을 서 있는 사람들이 하나같이 밝고 행복한 표정으로 웃고 떠드는 모습이 보였다. 세상 사람들이 오늘은 더욱더 분주하고 행복한 모습으로 오가며 모두들 즐거운 계획들을 세우는 듯 보였지만 나는 왠지 그곳에서 소외되는 것 같아 마음이 쓸쓸하였다.

　이날 온종일 병원에서 그 애와 마지막 이별을 하던 그 순간이 생각나 그것을 애써 머릿속에서 지워 버리려고 노력하였지만 잠시 딴생각을 하다가도 결국은 또 J. J. 생각을 하는 나를 발견하였다. 어디엔가 망각의 세계가 있다면 잠시나마 그곳에 머무르다 돌아오고 싶은 심정이었다. 그 애가 이 세상보다 더 좋은 고통 없는 천국에서 잘 지내고 있다는 것을 알지만 하루 종일 생각나고 그리워지는 마음은 지워 버릴 수가 없었다.

　그 애를 향한 그리움으로 꽉 찬 가슴은 아무리 딴 것으로 메우려고 애를 써도 잘 되지 않았다. 하루 종일 습관처럼 하늘을 올려다보며 미어지는 가슴을 가라앉히느라 연신 쓸어 내려야 했다. 존은 컴퓨터 앞에서 짐짓 태연한 척 미동도 않은 채 앉아 있었다.

　명절은 외로운 사람들에게 잔인하리만치 소외감을 느끼게 하여 주었다.

한국 방문

심령이 가난한 자는 복이 있나니
천국이 저희 것임이요 마 5:3.

2005년 1월 1일

설날 아침 떡국을 준비하며 J. J. 생각이 자꾸 떠올라 마음이 착잡했으나 손님들을 맞으며 마음이 많이 가라앉았다. 부모님이 한국에 계셔서 갈 곳이 없는 교회 청년들을 초대해 같이 지냈다. 모두들 우리 부부의 외로움을 덜어 주기 위하여 초대에 기꺼이 응해 주어서 고마운 생각이 들었다.

하루 종일 먹고 떠들며 이야기 꽃을 피우느라 어수선했는데 저녁 때가 되어 모두들 돌아가고 나니 집안이 조용하여 집 전체에 적막감이 감돌았다. 나는 대충 그릇들을 정리하고 나서 소파에 누워 TV를 켰다. TV에서는 숲과 계곡이 어우러진 남미 쪽의 어떤 나라인 것 같은 느낌을 주는 전원 풍경을 내보내고 있었다. 그 전원 풍경은 마치 어린 시절에 가끔 찾아가서 뛰놀곤 하던 우이동 골짜기와 비슷하였다. 문득 내 기억 속에 잊혀져 있던 우이동 골짜기의 풍경이 아련한 모습으로 되살아났다.

우이동은 방학동이라는 내가 살던 동네에서 낮은 산을 하나 사이에 두고 있어서 차를 타고 한참을 돌아서 가거나 지름길로 가려면 집터를 만들기 위해 깎아 놓은 산길을 한 시간 정도 걸어서 가야 되곤 하였다.

어린 우리들은 차비도 없었고 산길을 가는 재미도 있어서 여름이면 한두 번 정도 산을 넘어 그곳을 찾아가곤 하였다. 친구들과 어울려 떼를 지어 뙤약볕을 받으며 한 시간 정도 재잘거리며 언덕을 넘어 걸어가면 비포장 도로가 나오고 먼지를 뒤집어쓰고 그 길을 조금 더 걸어 내려가면 짙은 숲 속, 푸른 숲에 둘러싸인 우이동 골짜기가 시야로 들어오곤 하였다. 곧이어 숲 속 사이사이로 돌돌 소리를 내며 맑은 물이 흐르는 계곡이 나타나기 시작하였다.

우리는 계곡을 따라 올라가다 물속에 솟아 나와 있는 크고 평평한 바윗돌을 찾아내어 그곳에 옷을 빨아 널어놓고는 한나절을 물속에서 시간 가는 줄 모르고 놀곤 하였다. 몇 명이 올라가 앉아도 남을 만큼 큼직한 바윗돌들은 한낮의 열기를 받아 따끈따끈하게 달구어져 있어서 물속에서 입술이 새파래지도록 놀다가 올라와 앉아서 몸을 말리곤 하던 안식처였다.

　물장구를 치다 물밑을 들여다보면 반질반질하게 닳은 차돌들이 훤히 들여다보이고 그 돌 틈바구니 사이에서 이리저리 헤엄치던 송사리 떼들이 아이들 손을 피해 빠르게 헤엄치며 달아나곤 하였다. 우리는 가끔 길가에 버려진 사이다 병 같은 것에 송사리들을 담아 가지고 집으로 돌아오곤 하였다.

　어린 시절 뛰어놀던 그 흙먼지 나는 고향 땅을 밟고 싶어졌다. 누군가에게 들은 바로는 내가 살던 동네에도 고층 아파트가 들어서서 옛날의 모습은 찾아보기가 힘들다고 하였다. 하지만 그곳에 가서 희미해지는 기억 속에 자리 잡은 고향의 모습을 한 폭 한 폭 내 기억 속에 다시 생생하게 채워 가지고 오고 싶었다.

　21년 동안 가보지 못한 한국이 갑자기 그리워졌다. 나는 언젠가 한 번 한국을 방문해야지 하고 미루던 그 계획을 앞당겨 올봄에는 꼭 가기로 마음먹었다.

2005년 1월 15일

　케이틀린이 자신의 친부모 사진을 한 장 가지고 싶다고 해서 입양기관에 오래전에 부탁해 놓았었다. 오늘 서울에 살고 있는 케이틀린의 친엄마가 손수 쓴 편지와 함께 가족들 사진을 보내 왔다면서 한국말로 쓰여진 편지 내용을 읽어 달라고 아일린이 편지와 사진을 가지고 나를 찾아왔다. 편지는 엄마가 딸에게 용서를 비는 눈물겨운 사연과 엄마를 용서하고 앞으로는 자주 연락하자는 간곡한 부탁이 들어있는 내용이었다.

그러나 케이틀린은 엄마가 용서가 안 되는지 만나지 않겠다고 잘라 말하였다.

케이틀린에게는 형제가 여러 명 있었는데 부모가 살기 힘들어지자 막내인 케이틀린을 입양 기관에 부탁하여 미국으로 입양시킨 것이라고 하였다. 나도 부모를 보지 않겠다는 그 애에게 뭐라고 말을 해야 할지 난감할 따름이었다.

케이틀린은 지금 행복하게 잘 살고 있지만 자라 오면서 남모르게 겪었을 고통은 아무도 짐작할 수 없는 것이었다. 지금도 그 애의 마음속에 일고 있는 갈등을 우리는 그저 추측만 할 뿐 어떻게 말을 해주어야 도움과 위로가 될 수 있는지 정확히 알 수 없었다. 그저 하루 속히 마음의 평정을 찾을 수 있기만을 기도할 따름이었다. 누구나 자신이 감당해야 하는 고통의 분량은 아무도 대신 해줄 수 없다는 것을 나는 너무도 잘 알고 있기 때문이었다.

하나님은 이런 시련을 통하여 그 애를 더욱 강하게 하실 것이며, 하나님의 사랑 안에서 그 애는 삶의 방향을 찾아가게 될 것이라는 생각이 들었다.

2005년 2월 3일

나는 아일린과 함께 한국 여행을 하기로 작정하고 구체적인 계획을 세우기 시작하였다. 존은 꼭 한번 한국을 가보고 싶다고 입버릇처럼 말했고 아일린, 짐, 케이틀린 세 사람 모두 한국을 꼭 한번 가보고 싶어하였다. 우리 다섯 사람은 모두 개인별로 남다른 감회를 가지고 한국 여행을 계획하였다.

나는 21년 만에 방문하는 한국이 어떻게 변하였는지 내 눈으로 직접 확인해 보고 싶었고, 존은 자기 부인이 태어난 곳이 어떤 곳인지 가보고 싶어했으며, 특히 케이틀린은 자기가 태어나고 자신의 부모와 형제들이 현재도 살고 있는 한국을 하루빨리 보고 싶어하였다. 나는 여행사를 통해 단체 관광을 신청해 놓았다. 제주도와 부산, 경주, 설악산을 경유하여 다시 서울로 돌아와 3일 정도 묶을 예정이었다. 한국이 얼마나 변했을까 궁금하며 무엇보다 그리운 친구들을 만날 생각을 하니 마음이 조금 설레기도 하였다.

2005년 2월 10일

강성필 사모님에게 일대일 양육을 받으며 함께 나누는 기도의 시간들은 너무도 귀하고 아름다운 교제의 시간이었다. 비록 외워야 하는 성경 구절들은 다 외우지 못해 안타깝기는 하였지만 그 귀한 말씀들을 내 삶에 적용하려고 애를 썼다. 성경 공부가 끝나고 돌아오는 길은 항상 나 자신의 생활을 돌아보는 계기가 되었으며, 사모님으로부터 많은 도전을 받곤 하였다.

오늘은 눈물 없이 읽을 수 없는 송명희 시인의 시를 읽고 나서 성령의 바다에 잠겨 나의 온몸을 은혜로 적시고 싶었다.

내가 너를 사랑하노라
내가 진실로 너를 사랑하기에
너에게 무거운 짐을 가볍게 하려
그 짐을 나의 어깨에 짊어지고
너를 내 눈동자처럼 보았으며
내가 너의 길에 동행하여
항상 살피었노라
내가 너를 인하여 애통하기를
허리가 녹기까지 하였으며
내가 너를 인하여 흘린 눈물이
바다의 모든 물보다 많으니
내가 너로 미칠 듯하여
견딜 수가 없어서 내가 죄 많은
너의 죄를 나의 육체에 묻혀서
내가 나의 몸을 때렸노라
나는 모든 피조물의 하나님이나

너를 인하여 사람이 되었노라
너를 징벌하기가 싫어서
나의 몸에 상처를 내고
나의 손과 발에 못 박았으며
내 옆구리를 찔렸노라
나의 영원한 생명을 너에게 주기를 원하여서
나의 삶은 버리고 죽었었노라
내가 너를 사랑하므로 내 마음이
깊은 곳에서 동하며
내 심령이 타는 불길이 되어
영원히 꺼지지 아니하리라
내가 너에게 나 자신까지
주었는데 무엇을 주지 않겠느냐
그러나 너는 나의 사랑을 얼마나
알고 있으며 과연 나의 은혜를
기억하고 감사하는가
너는 나를 사랑하는가
내가 너를 사랑하듯이
너는 나를 사랑하지 않지만
나는 너를 사랑하노라.

"하나님 아버지시여! 인류의 구원을 위해 당신의 아들을 십자가에 못 박을 수밖에 없었던 당신의 처절함을 피조물인 우리가 어찌 짐작이나 할 수 있는지요……. 그 흘리신 피로 우리의 죗값을 대신하여 치르게 하신 당신! 당신은 인간이 상상도, 감당도 할 수 없는 아가페 Agape의 사랑으로 그 일을 감수하셨습니다.

인간을 향하여 부어 주시는 그 끝없는 사랑에 오늘은 내 가슴이 터질 듯 아프고 떨려서 견딜 수가 없습니다. 당신이 맞으시던 그 채찍이 내 심장을 향하여 내리쳐진 듯 가슴을 압박하며 통증이 느껴집니다. 당신이 허락하신다면 앞으로 남은 생명은 당신의 영광을 위해 살게 하시고 주님의 심장을 품고 더욱더 낮아지게 하소서……."

인간을 위해 십자가에 못 박히시며 당신이 하시던 말씀을 생각했다.

> 내 원대로 마옵시고 아버지의 원대로 되기를 원하나이다 눅 22:42.

나의 입술은 떨리고 눈에는 굵은 눈물이 맺혔다. "아버지의……뜻대로 살기를 원하나이다……." 나의 가슴에 비수가 꽂힌 듯 나는 밤새워 피눈물을 흘렸다.

"인간을 용서하소서! 참으로 죄 많은 인간을 용서하소서!" 나는 무너져 내리듯 바닥에 엎드려 울먹이며 그분께 용서를 구했다. 머리가 뜨거워지며 그분의 손길이 내 머리를 쓰다듬으며 사랑과 용서를 내려 주시는 듯하였다.

2005년 3월 2일

오늘은 다시 겨울이 찾아온 듯 매서운 바람이 불었다. 맞은편 집에 사는 바브라에게 다시 한번 교회에 나갈 것을 권해 보았다. 그녀는 단호하게 교회는 나가지 않을 것이라고 말하며 자기는 젊은 시절에 남편을 데려간 하나님에게 아직도 화가 난다고 말했다.

나는 아직도 하나님의 사랑을 체험하지 못하고 미움과 원망으로 가득 찬 가슴의 응어리를 안고 살아가는 그녀의 영혼이 한없이 불쌍한 생각이 들었다. 노인의 아집은 강경하고 매몰차서 더 이상 말을 건네기가 힘들 정도로 찬바람이 돌았다.

"하나님, 그녀를 불쌍히 여겨 주시고 사랑으로 얼어붙은 마음을 녹여 주세요."

2005년 3월 20일

한국에 사는 친구들과 요즘 들어 자주 통화를 하게 되었다. 우리는 그 동안 자주 소식이 오가지는 않았지만 일년에 한두 번씩 전화 통화로 서로의 근황을 알아보곤 하였다.

어릴 적부터 쌓아온 끈끈한 우정은 가슴속에 소중하게 간직되어 언제나 고향을 생각하면 제일 먼저 생각나는 것이 친구들이었다. 몇 년 전에 미국으로 친구들이 찾아왔을 때도 15년 이상을 떨어져 있다

만났는데도 전혀 거리감이 느껴지지 않는 것만으로도 다시 한번 식지 않은 우정을 확인할 수 있었다.

우리는 이미 다들 중년 여성이 되어 있었지만 만나자마자 어느새 어린 시절로 돌아가 웃고 떠들기 시작하였다. 겉모습은 많이 변하였지만 감성만큼은 하나도 변함없이 어렸을 적에 모든 것을 나누고 아껴 주었던 정겨운 그 시절의 친구 그대로 남아 있었다.

친구들 중에는 일하는 친구들도 있는데 다같이 시간을 내어 만날 수 있을지도 의문이었다. 그리고 서울에서 묶는 3일 동안 며칠 밤을 지새우며 이야기하여도 끝이 날 것 같지 않는 밀린 이야기들을 다같이 만나서 할 수나 있을지, 무슨 이야기부터 먼저 하여야 할지, 내 친구의 아이들은 모두 어떻게 생겼는지 궁금하고 기대가 되었다.

친구들이 한국에 와서 보고 싶은 것이나 가고 싶은 곳이 어디냐고 계속 물어왔다. 돌아볼 곳을 미리 계획해서 우리가 오면 안내를 해주겠다고 하였다.

친구들과 가장 많이 다녔던 도봉산의 인수봉이 보고 싶어졌다. 그러나 지금은 그 높은 산을 오른다는 것이 불가능할 것만 같았다.

한국에 있을 때는 주말마다 등산을 했었다. 힘겹게 산 정상에 올라 인수봉을 바라다보면, 자일을 타며 암벽 등반하는 사람들이 인수봉의 거대한 암벽에 매달려 멈춰 있는 듯 사람의 형체나 움직이는 모습조차 보이지 않을 정도로 작아져 시야에 들어오곤 했었다. 우리는 인수봉 맞은편 산 정상에 올라 넋을 잃고 그 암벽을 타는 사람들을 바라보곤 했었다.

　여름에 많이 여행한 서해 바다도 보고 싶었다.

　간조를 맞아 물 빠진 갯벌 사이로 드러나던 조그만 돌섬들이 널려 있는 서해안의 해변! 석양을 받으며 앞서거니 뒤서거니 친구들과 걷고 있노라면 앞서가던 친구의 치마를 붉게 서서히 물들이며 우리의 얼굴을 구리빛으로 변하게 하던 노을 진 서해의 해변가가 아득하게 생각나며 그립기도 하였다.

　간조를 맞은 바닷가에 낙조가 드리우면 온통 붉게 물들어 가는 해변가에 하얗게 드러나는 조가비들의 슬픈 노래들이 들려오는 듯하였다. 그리고 수평선을 바라보며 넋을 잃고 앉아 있었던 기억들도 가슴이 아리도록 그립게 그립게 가슴속으로 밀려 들어왔다.

　나는 관광을 하는 것보다 친구들을 만나는 것이 주목적이었다. 하지만 나와 같이 가는 일행들을 위해서 관광에도 꽤 신경이 쓰였다.

2005년 4월 13일

　얼마전 갑자기 남편을 병으로 잃고 상심해 있는 사람을 찾아갔다. 아이가 둘인 그녀는 어린아이들 앞에서 망연자실한 채로 말도 별로 하고 싶지 않은 듯 묻는 말에만 간신히 성의 없게 대답을 해주었다.

나는 말없이 방바닥만 응시하는 그녀가 지금 겪고 있을 혼란스럽고 허탈한 마음 상태를 충분히 이해할 수 있었다.

나는 지금 이 사람이 지고 있는 힘에 겨운 고통의 멍에를 어떻게든 나누어 져야 한다는 생각이 들었다. 그러기 위해선 보이고 싶지 않은 가슴속 깊숙이 숨겨 두었던 상처를 다시 꺼내지 않으면 안 되었다. 지나간 시간들을 한순간 한순간 기억해 내며 말하다가 담담하게 이야기하려는 나의 의지와는 상관없이 아직도 너무 마음이 쓰리고 아파서 나도 모르게 오열하고 말았다.

그녀도 참았던 울음을 터트리며 나의 손을 잡았다.

우리는 서로 끌어안고 흐느끼며 따뜻한 가슴속으로 말없이 전해 오는 서로의 아픔을 느낄 수 있었다.

나는 마치 전쟁터에서 얻은 상처를 드러내 보이듯 자랑스럽게 내 상처를 내보였다. 하나님이 치유해 주신 그 상처를 내보이며 그분이 어떻게 나를 치유해 주셨는지 간증하였다. 그러나 나는 그녀가 아직도 많은 날을 아파 하며 고통이 끝날 것 같지 않은 길고 긴 절망의 밤들을 수없이 보내야만 한다는 사실을 알고 있었기에 마음이 많이 아팠다.

하나님이 나에게 주신 고통의 양은 내가 감수하고 인내함으로 하나님께 더 가까이 다가갈 수 있는 축복의 통로이기에, 나는 그녀도 고통 속에서 더욱더 주님을 바라보며 하나님을 만날 수 있기를 간절히 기도하였다. 그리고 그녀가 고통을 잘 감당할 수 있는 힘을 달라고 하나님께 기도드렸다.

> 우리의 모든 환난 중에서 우리를 위로하사 우리로 하여금 하나님께 받는 위로로써 모든 환난 중에 있는 자들을 능히 위로하게 하시는 이시로다 고후 1:4.

> 심령이 가난한 자는 복이 있나니 천국이 저희 것임이요 마 5:3.

2005년 5월 17일

J. J.가 다섯 살 때부터 대학을 가기까지 살던 집을 정리하고 새집으로 거처를 옮겼다. J. J. 방문 앞 하얀 벽면에는 존이 거의 6개월마다 그 애를 벽에 기대어 서게 하고는 키를 재어 연필로 금을 그어 놓은 것이 있는데, 마치 줄자처럼 길게 눈금이 그려진 것을 보았다. 나는 더 이상 높아질 수 없는 눈금을 매일 아침 쳐다보며 어떤 날은 일부러 시선을 다른 곳에 두기도 하였다.

우리는 전부터 이사 갈 계획을 J. J.의 죽음과 상관없이 생각하고 있었는데 막상 그 애가 죽고 나니 살던 집을 떠날 수가 없었다. 이사를 간다는 생각만 해도 그 애를 버리고 가는 것만 같아 우리는 몇 번이고 그 계획을 미루었는데, 지금 집을 옮기지 않으면 영영 못 옮길 것 같은 생각이 들어 이사를 하기로 결정하였다.

  이사를 하면서 가지고 있던 많은 물건을 정리하며 불필요한 것들을 많이 버리고 주위 사람들에게 나누어 주었다. 나는 이삿짐을 싸고 정리하면서 나 자신이 생각했던 것보다 훨씬 욕심이 많은 사람이라는 것을 알게 되었다.

  16년 전 이사를 들어올 때 가지고 왔던 짐들이 지하실에 그리고 다락에 그대로 상자에 봉해진 채 들어 있는 것들도 있었다.

  TV에서 보던 가난한 나라 지구촌 사람들이 머리에 떠올랐다. 가난한 사람들이 많은데 나는 너무 많이 소유하고 살아온 것 같아서 죄책감이 들었다. 그리고 항상 만족하지 못하고 더 좋은 것을 탐내던 나 자신의 모습이 너무도 추하고 부끄러웠다.

  여행 다닐 때마다 사다 모은 장식품들이 장식장을 가득 메우고 있었다. 여행지에서 감정에 도취되어 영원히 그 순간들을 기억할 것만 같은 착각 속에 사다 모은 기념품들이 이제는 부질없는 꿈처럼 희미해져 가는 추억 속에 촘촘히 장식장을 꽉 메운 채 나를 바라다보고 있었다. 이전에는 나에게 기쁨을 가져다 주던 온갖 종류의 장신구들이 이제는 별로 큰 의미가 없이 느껴졌다.

  나는 미련 없이 그것들을 새로 살림을 시작하는 사람들과 이웃에게 나누어 주며 참으로 편안함을 느꼈다. 내가 집착하고 있는 세상의 한 귀퉁이에서 자유함을 얻은 기분이었다.

나는 이제 조금씩 이 세상에서 버려야 할 것들을 버리는 연습을 하려고 한다. 그리고 조금씩 무소유의 진리를 깨달으며 조그만 것이라도 어려운 사람들과 나누어 보려고 노력하고 있다.

천국으로 가기 전까지 아직도 나는 버려야 할 것이 너무도 많다는 생각이 들었다.

2005년 5월 19일

꿈에도 그리던 한국 땅을 21년 만에 밟았다. 인천공항은 새롭고 놀라운 모습으로 나를 맞아 주었다.

공항에는 다섯 명의 친구들이 다 나와 주어서 친구들과 꿈 같은 해후를 하였다. 그중 한 명은 몇 년 전 다른 친구들이 미국에 와서 우리 집을 방문하였을 때 같이 오지 못하여 한국을 떠난 이후로 21년 만에 처음으로 만나게 되었다. 그런데 나는 한눈에 친구를 알아보지 못해 친구에게 많이 미안하여 변명 아닌 변명을 구차하게 늘어놓아야만 하기도 하였다.

또한 나는 미국으로 유학을 와서 공부하던 관주, 관용이라는 형제를 2년 동안 데리고 있으면서 하숙을 한 일이 있었는데, 그 아이들이 부모님과 공항에 나와 나를 맞아 주어서 너무 반갑고 고마운 마음이 들었다. 그러나 공항에서 몇 마디 말도 주고받지 못한 채 헤어지게 되어 많이 미안하고 섭섭하였다.

공항에서 서울 시내로 들어서자 즐비하게 늘어선 아파트들이 어디를 가든지 높이 솟아 있어 말로만 듣던 아파트 숲을 내 눈으로 직접 확인하게 되었다.

한강은 오래전보다 더욱더 정돈되고 아름다운 모습으로 유유히 흐르며, 처녀 때에 헤어진 친구들과는 중년이 되어 만난 것이었다. 새삼 세월의 무상함이 느껴졌다. 세월의 무게만큼이나 우리의 모습은 변하였지만 까르르 웃고 떠드는 것은 영락없이 먼 옛날 그 시절의 소녀들이었다.

친구들과 어떤 이야기부터 해야 할지 몰라 두서없이 이야기를 늘어놓다가 그들이 준비해 둔 타워 팰리스 게스트 룸Guest room에서 짐을 풀었다. 톰슨네 세 식구는 한식으로 꾸며진 방에 묶었다. 혹시 불편할까봐 우리 방과 바꾸자고 하여도 한식으로 된 방에서 자 보겠다며 막무가내였다. 요를 깔아 주자 이불이 매우 예쁘다며 무척 좋아하였다.

조용하고 아늑한 방에서 우리 모두는 포근함을 느끼며 깊은 잠을 잘 수 있었다. 나의 고향이라는 생각만 하여도 엄마의 품같이 푸근하고 정겨운 생각이 들었다.

2005년 5월 20일

강남 지역은 새로 생긴 도시라 깨끗하고 아름다웠지만 그래도 조금은 누추한 모습으로 남아 있는 남대문 시장과 명동을 돌아보고서야 고향에 온 듯 따뜻하고 정겨운 느낌을 받았다. 친구들과 드나들던 찻집과 음식점들이 옛날 그대로 남아 있는 곳도 있었다. 아직도 그대로 남아 있는 곳들을 보니 감회가 새롭고 옛일들이 생각나 가슴이 뭉클해짐을 느낄 수 있었다. 친구들이 번갈아 나와서 우리 일행을 안내해 주며 변함없는 우정을 과시했는데, 나는 그런 친구들이 고맙고 너무도 자랑스러운 마음이 들었다.

물건을 사면서 어느새 나는 한국 돈을 달러로 환산하는 나 자신을 발견하였는데, 이미 미국 돈에 익숙해져 미국 돈으로 생각해야만 돈의 가치를 실감할 수 있는 사람이 되어 있었다. 또한 나도 모르게 자꾸 영어가 튀어나오곤 해서 나는 이미 한국 사람도 아니구나 하는 생각을 하게 되었다.

미국에서는 잘 몰랐는데 이곳에 와서 문화적인 차이를 가끔 느끼게 되어 나도 모르는 사이 내가 많이 미국화가 되었다는 걸 새삼스럽게 알 수 있었다. 나는 이미 이곳에서도 한국 사람이 아니며 미국에서도 미국 사람이 아닌 국적도 불분명한 영원한 이방인이 된 것이었다. 갑자기 코끝이 찡해지며 외로운 생각이 들었다.

나는 이 세상에서는 어느 곳을 가든지 영원한 나그네임을 다시 한 번 절실하게 깨달았다. 그때 나의 마음속 깊은 곳에서부터 울리던 소리가 있었다. "영생을 소유한 자"였다. 그렇다. 이 땅도, 미국도 내가 머무를 곳이 아니며 나를 지으신 그분의 계획 속에 잠시 이곳에 머무르다가 영원한 나의 본향이며 아버지의 집인 천국으로 향할 것이다. 이것은 얼마나 큰 감격이고 축복인가!

그리고 "천국을 소유한 자"였다. 가슴이 미어지도록 뜨거운 그 감격에, 그 큰 은혜에 나는 떨리는 가슴으로 하루를 살았다.

2005년 5월 31일

서울에서 이틀 밤을 자고 제주도와 부산, 경주, 설악산을 거쳐 다시 서울로 돌아왔다. 며칠만이라도 더 머무르고 싶은 아쉬움을 간직한 채 내일이면 미국으로 떠나야 한다고 생각하니 섭섭한 생각을 떨칠 수가 없었다.

케이틀린은 자신의 엄마와 형제자매를 만나 보지 않고 떠나는 죄책감 때문이었는지 아니면 자신이 태어난 한국 땅에서 가족과 함께 살지 못하고 미국으로 입양되어 살아야 했던 그 자체에 대한 서러움이 밀려왔는지 울기 시작하였다.

우리가 어찌 그 아이의 마음속 깊은 곳에 자리 잡고 있을 그 미묘한 감정의 앙금들을 짐작이나 할 수 있겠는가?

나는 그 아이를 안아 주며 "주님, 이 아이의 상처를 만져 주시고 앞으로의 생애를 축복해 주소서."라고 기도드렸다.

내 마음 한구석에도 친구들과 또다시 헤어져야 한다는 생각에 몹시 섭섭하고 안타까운 마음이 떠나질 않았다.

▶ 첫 번째 한국 방문 중 설악산에서. 왼쪽부터 짐, 케이틀린, 캐런, 존, 아일린

이 세상을 살아가는 동안 많은 만남과 이별이 있었건만 정말 헤어짐은 언제나 버겁고 익숙하지 않은 문제로 내게 다가오곤 하였다. 나는 착잡한 마음으로 밤새 잠을 설쳤다.

소망_생명을 불어넣는 생기

우리에게 우리 날 계수함을 가르치사
지혜의 마음을 얻게 하소서 시 90:12.

2005년 6월 5일

한국을 다녀온 뒤로 3일 동안 아무리 몸을 추스려 보려고 하여도 몸이 뜻대로 말을 듣지 않았다. 존은 그런대로 시차를 잘 견디는데 나는 저녁 7시까지 버티다가 더 이상 이겨 내지 못한 채 잠들어 버리곤 하였다.

아침에 눈을 뜨니 내가 미국에 다시 와 있구나 하는 생각이 들며 엊그제 한국에서 지내던 일들이 오래전 일처럼 멀게만 느껴졌다.

나의 남은 생애도 언제인지는 모르나 이렇듯 꿈같이 흐르다가 어느 날 끝이 나리라고 생각하니 더욱더 잠깐인 이 세상보다 영원한 하나님 나라를 위해 그분이 나에게 맡겨 주신 사명을 잘 감당하며 살아야 하리라는 생각이 들었다.

 무엇보다 겸허한 자세로 나를 버리고 낮아져야 하는데 순간순간마다 고개를 드는 나의 교만한 마음을 들여다보면 많이 낙심이 되곤 하였다. 그러나 끝없는 좌절과 실망 속에서도 하나님은 결코 나를 버리지 않으실 것이며, 용서와 사랑으로 다듬어 주실 것이라는 믿음이 나에게 희망을 주었다.

2005년 7월 30일

 아침에 눈을 뜨자마자 오늘이 J. J.의 생일이라는 생각이 머리에 떠올랐다. 자리에서 일어나 커튼을 열고 창밖을 내다보니 유난히 청명하고 구름 한 점 없는 파아란 하늘이 눈앞에 들어왔다.

> 아들아, 오늘은 두 번째 네가 없는 너의 생일을 맞이하게 되는구나! 네가 말없이 내 옆에 있어 주기만 하여도 너를 바라보는 나의 마음은 항상 든든하고, 너의 존재는 내 삶에 윤활유와 같은 역할을 해주었단다. 네가 없는 이 지구에 나는 홀로서기를 하며 오늘도 두 발로 굳건히 서서 하늘을 올려다본다.
> 눈이 부시도록 내리쬐는 강렬한 햇빛 사이로 오늘도 나를 살리는 생명의 양식이 하늘로부터 내리는구나!
> 소망! 그것은 나에게 생명을 불어넣는 생기와 같은 것이란다. 우리가 여기서 끝이 아님을 알아 언젠가는 너를 만날 수 있을 것이라고 생각하

면 나는 감격에 떨리어 가슴속에 용솟음치는 감사함으로 몸둘 바를 모르곤 한단다.

죄 많은 인생들을 위하여 인간의 모습으로 오셔서 십자가를 지신 그분! 인간의 두뇌로는 상상할 수도 없는 그 무한한 사랑을 우리가 어찌 짐작이나 하겠느냐……

나는 그분이 창조하신 아름다운 꽃과 같이 이 땅 한구석에서 조용히 피어나 아주 좋은 향기를 내며 살고 싶단다.

하루를 마무리하는 저녁마다 고쳐지지 않는 나쁜 습성 때문에 절망하곤 하지만 나는 포기하지 않는다. 왜냐하면 주님도 절대로 나를 포기하지 않으실 테니까…….

오늘은 너의 이름을 떠올리기만 하여도 가슴이 아려 오는구나! 그러나 한편으론 네가 있을 그 천국을 생각하면 기쁜 마음이 용솟음치기도 한단다. 하늘을 보면 네가 웃으며 뛰어노는 모습이 보이는 듯하여 나도 모르게 혼자 미소를 지은 적이 여러 번 있었단다. 내가 느끼는 이 기쁨은 하나님이 나의 마음속에 심어 주신 천국의 것이라는 것을 나는 알 수 있단다.

주님은 오늘도 나의 가슴을 뜨겁게 안아 주셨다. 나도 주님을 향한 영원히 식지 않는 뜨거운 가슴을 간직하며 살고 싶었다. 오늘은 온몸을 바쳐 그분을 사랑하고 찬양하고 싶은 열망에 내 마음속이 타고 있음을 느꼈다.

네 마음을 다하고 목숨을 다하고 뜻을 다하고 힘을 다하여 주 너의 하나님을 사랑하라 막 12:30.

2005년 8월 1일

하나님이 고통을 통하여 나를 향한 사랑의 연단을 하고 계심을 피부로 감지해 냈다. 또한 나 자신이 조금씩 성숙해져 가는 것을 느낄 수 있었다.

다른 사람들의 아픔을 몸으로 느낄 수 있고, 내가 그들과 같이 아파 할 수 있는 따뜻한 가슴을 지닌 것은 하나님이 나에게 부어 주시는 은혜와 축복이라는 생각이 들었다.

내가 겪은 고통의 순간들이 오히려 절망 속에 빠져 있는 사람들에게 다가가 선뜻 손을 잡아 줄 수 있는 위로의 도구로 쓰여지며 아픔을 나누는 동안 그들도 나에게 거부감 없이 가슴을 열어 주고 있다는 생각이 들었다.

"그분을 영화롭게 하며 오직 그분만을 위하여 살 수는 없을까?" 나는 하루 종일 사랑에 빠진 사람처럼 어떻게 하여야 그분을 기쁘게 해 드리는 삶을 살 수 있을까 하는 생각에 몰두하며, 주님의 음성을 듣고자 몸부림쳤다.

피부로 느낄 수 있는 주님의 음성은 끝내 들려오지 않았지만 어느 순간 내 마음속 깊은 곳으로부터 기도의 응답을 통해 주님이 나를 향하신 뜻을 온몸으로 감지해 낼 수 있었다.

주님은 나에게 세상을 바꿀 만한 큰일을 원하시는 것이 아니라 그저 내가 서 있는 자리에서 "우리 각 사람에게 그리스도의 선물의 분량대로 은혜를 주셨나니"엡 4:7라는 말씀에 순종하며, 내게 맡겨 주신 작은 일에 믿음으로 충성하며 살기를 원하신다는 평범한 진리를 깨닫게 해주신 것이었다.

"고통받는 자들에게 그리스도의 심장을 가지고 다가갈 수 있도록 도와주소서." 나는 이 단순한 목적이 오로지 내가 살아가는 이유가 되기를 간절히 원하며, 살아가는 동안 많은 사람에게 천국의 소망과 위로를 전할 수 있도록 도와주십사고 기도드렸다.

2005년 9월 3일

오늘 하루도 당신이 주신 소명을
소중한 생명처럼 끌어안고
힘들고 지친 형제들과 마음을 나누며
고통은 아름다운 열매를 주시기 위한
살점을 떼어 내는 고난을 감수하신
당신의 사랑임을 이야기합니다.

당신이 계시는 그 아름다운 동산이
불현듯 눈앞에 보이는 듯하여
언덕 너머 나타나는 하늘을 향하여
한걸음 한걸음 다가가 봅니다.

하늘로부터 내리는 은총의 꽃가루가
찬란한 햇빛처럼 쏟아져 내리는
맑고 시리도록 청명한 하늘가를 따라
기쁨으로 터질 듯한 영혼의 날개를 펴고
형체가 없는 바람의 모습으로
높고 푸르른 그곳을 향해 날아 봅니다.

오늘도 귀한 형제를 만나게 하여 주심을 감사합니다.

2005년 9월 12일

나에게 이런 고통이 없었으면 나는 주님만 바라볼 수 있었을까, 이 세상 것에 집착하는 속성과 본능을 과감히 떨쳐 버릴 수가 있었을까 하는 생각을 해보았다. 지금도 세상에 대한 걱정을 많이 하지만 예전에 비하면 아무것도 아니었다.

천국에 대한 소망이 커지면 커질수록 세상의 모든 것이 더욱더 부질없다는 생각이 들며 그럴 때마다 나는 하루에도 몇 번씩 마음을 비우곤 하였다. 마음은 비우면 비울수록 포만감이 느껴지며 부요해지는 것을 느끼게 되었다.

주위를 돌아보면 예전에는 보이지 않던 힘들고 외로운 사람들이 이제는 많이 보이기 시작하였다. 그리고 하나님께서 계속 나의 도움을 필요로 하는 사람들을 만나게 하여 주심도 알 수 있었다. 나의 이야기를 들으며 자신이 혼자 고통받는 것이 아니라는 것을 느끼며 위로받는 사람들을 만나게 될 때마다 나를 위로의 도구로 사용하여 주심에 감사하였다.

2005년 10월 19일

우리가 새로 이사 들어온 집은 연립주택인데, 차를 타고 입구로 들어서면 양쪽에 포플라나무가 나란히 서 있고 나무 뒤편 양쪽으로 집들이 쭉 나뉘어 들어서 있었다. 그리고 가운데는 조금 경사진 아스팔트길이 쭉 나 있는데, 눈앞에 뻗어 있는 아스팔트길 끝은 조금 높게 언덕으로 되어 있었다. 그래서 큰길에서 집 입구로 들어서며 차 앞 유리창을 통하여 앞을 바라다보면 언덕진 아스팔트길은 마치 하늘을 향하여 길이 나 있는 듯 하늘과 맞닿은 느낌을 주곤 하였다.

매일 집으로 들어설 때마다 마음을 설레이게 만드는 아름답게 하늘을 수놓은 구름들이 일몰의 햇살을 받아 새로운 저녁 풍경들을 연출하곤 하였다.

어떤 날은 구름 한 점 없는 하늘가가 마치 바다를 연상케 해 언덕을 넘으면 파아란 바다로 거침없이 들어설 것만 같은 느낌을 주며, 어떤 날은 하늘의 구름들이 은빛으로 빛나며 떠 있어서 언덕을 넘으면 은빛 구름 속으로 나 자신이 포근히 자취를 감추며 사라질 것 같은 착각이 들기도 하였다. 황혼이 질 때 집으로 돌아온 적도 있었는데, 타는 듯이 붉게 타들어가는 노을은 때로는 외롭게 때로는 황홀한 모습으로 내게 다가오곤 하였다.

하루의 일과를 마치고 집으로 돌아오는 차 속에서 나는 주님이 계시는 하늘을 바라보며 그곳을 향해 달리는 나를 발견하곤 했다. 나는 이렇게 하루하루 하늘을 향해 매일 매일 달려가고 있는 것이다.

2005년 11월 8일

오늘은 일 관계로 우연히 알게 된 Mrs.김을 만났다. 몇 개월 전보다 훨씬 많이 야윈 모습으로 머리가 자꾸 빠진다며 짧게 깎은 머리를 하고 나타나서 나는 놀란 얼굴을 하고 그녀를 쳐다보았다. 위암 수술을 하고 나서 2년 동안 괜찮았는데 다시 재발해서 요즈음 방사선 치료를 받고 있다고 하였다.

의사 말이 6개월 정도 살 수 있다고 하였다며 너무도 담담한 표정으로 이야기를 하기에 나는 할 말을 잃어버리고 한참을 고개 숙인 채 앉아 있었다.

그녀는 무엇보다 아직 장가를 가지 못한 아들을 두고 가야 하는 것이 걱정이라고 하였다. 죽음을 눈앞에 두고서도 세상에 남을 아들을 걱정하는 그녀를 보며 나의 가슴도 미어지기 시작하였다. "아! 아프고 힘든 이별들이여……." 나는 마음속으로 탄식을 하였다. 그러고 나서 우리는 목이 메어 더 이상 대화를 할 수가 없었다.

집으로 돌아오는 내내 나에게 6개월의 한정된 시간이 주어진다면 무엇을 할 것인가 골똘히 생각해 보았다. 더욱더 하루의 삶이 알차야 한다는 생각을 하며 오늘 하루도 최선을 다해 살았는지 돌아보았다.

다락방에 올라와 조용히 무릎을 꿇었다.

우리에게 우리 날 계수함을 가르치사 지혜의 마음을 얻게 하소서
90:12.

2005년 11월 23일

추수감사절! 미국에서는 이날이 일년 중 여행하는 사람이 제일 많을 정도로 멀리 떨어져 있던 가족들이 모두 한자리에 모여 어느 집이나 칠면조 고기와 함께 저녁 식사를 한다. 집집마다 차들이 줄줄이 길가에 세워져 있는 풍경은 화기애애하게 웃음꽃을 피우는 집 안 풍경들을 연상케 하며 모두의 가슴을 따뜻하게 하곤 하였다.

그러나 명절이 다가오면 가족을 잃어버린 사람들은 새삼 가족의 빈

자리를 느끼며 추억 때문에 더욱 그리움과 허전함을 느끼게 된다.

우리 집에서 20분쯤 떨어진 곳에 벧엘 처치Bethel Church라는 미국 교회가 있는데, 그 교회에서는 매년 갈 곳 없는 사람들을 위해 칠면조 식사를 제공하곤 하였다. 우리는 올해에 가족들과 보내는 대신 그 일에 동참하기로 하였다.

오후 3시가 되자 50명쯤 되는 사람들이 들어와 앉았다. 몸이 불편한 사람, 정신병 증세가 있는 사람, 길거리에서 지내는 사람, 우리의 이웃 가운데 이렇게 명절에 갈 곳 없는 사람들이 많다는 사실에 나는 약간 충격을 받았다. 나는 그들과 함께 앉아 식사를 하며 낮은 자리에 계셨던 예수님을 생각하였다.

한 사람 한 사람의 영혼이 너무 귀하고 가깝게 나에게 다가왔다. 이 순간에 나누는 한 끼의 식사와 함께 예수님의 영이 그들 안에 거하여 살아가는 날 동안 생명의 양식을 받게 되기를 간절히 기도하였다.

우리는 사랑을 나누어 주러 갔지만 사랑으로 더욱더 풍성해져서 집으로 돌아왔다. 돌아오는 길에 차창 밖으로 별빛이 빛나는 밤하늘을 쳐다보았다. 그리고 문득 밤하늘에 빛나는 별들처럼 내 가슴 한구석에서 보석처럼 빛을 발하는 그리스도의 사랑을 발견하였다.

2005년 12월 10일

밀알선교회 필라 지부를 맡고 계시는 이새철 목사님은 장애 아동을 가진 부모에게 하루라도 휴식하게 해주기 위하여 매주 토요일마다 사랑의 교실을 열어 그들과 함께 예배를 보며 아이들을 돌보아 주신다. 본인 자신이 다리가 불편한데도 항상 웃는 얼굴에 사랑이 듬뿍 담긴 모습으로 봉사하시는 것을 보면 저절로 은혜가 되곤 하였다.

오늘은 몇 명의 친구와 함께 점심을 준비하여 그곳을 찾아갔다. 모두들 어린아이들과 같이 천진난만한 모습을 하고 있어서 행복해 보였다. 목사님 말씀이 아이들이 스트레스를 받지 않아서 그렇다고 설명해 주셨다. 나누는 삶을 몸소 실천하고 계시는 목사님과 사모님 또 봉사하는 청년들이 모두 한마음으로 그리스도의 사랑을 보여 주는 그곳은 행복한 웃음이 넘쳐나고 있었다.

2006년 1월 2일

교회에서 매년 신년 초마다 이틀간 하는 금식기도에 참여하기 위해 체사피크 만Chespeake Bay에 있는 메릴랜드 수양관으로 왔다. 미국 사람이 경영하는 곳으로 150개 정도의 방과 여러 가지 프로그램이 있어서 미국 교회에서도 단체로 많이 오는 곳이다. 안내서에 적힌 대로 몸과 영혼 그리고 마음을 새롭게Renewed in body soul, and mind 하는 기회였으면 하는 생각이 들었다.

입구에 "예수님은 결코 실패하지 않으신다"Jesus Never Fails!라는 간판이 써 있었다. 나는 마음속으로 아멘이라고 말했다.

예배 중에 목사님이 기도에 대해 다시 한번 말씀하셨다. 먼저 하나님의 부르심을 받은 성도답게 살게 해 달라고 기도하라고 하셨다. 그리고 성령에 의지하여 하나님의 뜻이 무엇인지를 알게 해 달라고 기도할 것이며, 모든 것을 능력으로 하고 기쁨으로 오래 참게 기도하라고 하셨다.

아침에 일어나서 산책을 하러 나가니 바다가 보이지 않을 정도로 짙은 안개가 끼어 있었다. 안개에 가려 바다는 보이지 않았지만 나는 그곳에 바다가 있다는 것을 확실히 알았다.

지금은 안개에 가려 천국을 볼 수 없지만 안개 뒤에 가린 천국을 확실히 알 수 있을 것 같았다.

세상과 동떨어진 것 같은 고요한 바닷가에서 내 마음속 깊이 들려오는 하나님의 음성을 듣기 위해 귀를 기울이며, 하나님께 쓰임받는 좋은 그릇이 될 수 있도록 나를 다듬어 주십사 하고 기도드렸다.

걷히지 않는 안개가 넓은 은혜처럼 하늘을 덮고 나의 마음속에도 촉촉이 내리고 있었다.

2006년 1월 26일

우리 부부는 모처럼 일상을 떠나 한적한 산장을 찾아갔다. 우리가 사는 곳에서 한 시간 정도 떨어진 곳에 포크노라는 산동네가 있는데, 이곳은 관광지로도 유명해 호텔들이 많은 곳이었다. 우리는 산장값

이 생긴 조그만 호텔에 묵기로 하였다.

　방안에는 전기로 된 벽난로가 제법 빨갛게 달구어져 겨울 밤의 아늑함을 가져다 주었다. 그곳에 앉아 진지하게 하나님께 우리의 신앙고백을 적었다. 그리고 앞으로 우리가 살아 나아가야 할 방향을 간단히 적고 서로가 쓴 글을 바꾸어 읽어 보았다.

　J. J.가 세상을 떠나기 전 우리가 지향하던 세속적이던 삶이 많이 변하여 영적인 하나님 나라를 향하여 열심히 다가가는 모습을 서로의 글을 통하여 알 수 있었다. 그리고 더욱더 놀라운 것은 우리 두 사람의 삶의 목적이 같아진 것이었다.

　J. J.의 죽음은 주변밖에 볼 수 없었던 좁고 편협한 세계에 살던 우리 부부가 삶을 공유해야 할 많은 지체를 돌아볼 수 있는 눈과 마음이 열리게 하여 주었으며, 우리가 존재하는 이유도 확실히 깨닫게 하여 주었다.

　그러나 존의 글에서 아직도 완전히 아물지 않은 상처로 아파 하는 것을 볼 수 있었다. 나는 하루속히 그의 상처가 완전히 치유되어 단단히 아문 그 자리에 아름다운 흔적을 드러내게 해 달라고 기도했다.

위로받는 자가 위로하는 자로

> 우리의 모든 환난 중에서 우리를 위로하사 우리로 하여금
> 하나님께 받는 위로로써 모든 환난 중에 있는 자들을
> 능히 위로하게 하시는 이시로다 고후 1:4.

2006년 2월 17일

토요일 아침 일찍 Y에게서 전화가 왔다. 너무 가슴이 답답하여 전화를 했다면서 점심 시간에 잠깐 만나자고 하였다. 얼마 전에 보았을 때 남편과 사이가 좋지 않아 이혼을 할까 한다는 말이 떠올라 불안한 마음으로 그녀를 만났다.

점심을 먹고 나서 그녀를 차에 태워서 내가 좋아하는 랭커스터 Lancaster에 있는 아미시 빌리지 Amish Village로 데리고 갔다. 아미시파 사람들은 신앙의 자유를 찾아 네덜란드, 독일, 스위스 등지에서 이민을 온 사람들인데, 자기들 자체 내에 학교와 교회가 있고 광활한 옥토에서 농사를 지으며 살고 있다.

전화나 전기도 쓰지 않았으며, 바퀴 두 개 달린 마차buggy를 타고 다녔다. 한가롭고 평화스러운 농가의 풍경들은 언제 보아도 아름다웠다.

나는 오늘 Y의 이야기를 묵묵히 들어주었다. 미국 생활은 서로가 바쁘게 살다 보니 사람들과 만나 이야기할 수 있는 기회가 그리 많지 않다. 그래서 오랜만에 만나면 모두들 이야기를 하는 편이고 들어주는 사람은 별로 없었다.

나도 평소에는 말을 많이 하는 편이었지만 오늘은 그녀의 속에 맺힌 응어리가 풀릴 때까지 들어주었다.

그녀는 무책임한 남편을 원망하면서도 가정을 지키기 위해 필사의 노력을 하고 있었다. 나는 Y가 흘리는 눈물이 너무도 귀하고 아름다워 보였다.

그녀는 돌아오는 길에 다시 한번 최선을 다해 노력해 보겠다고 하였다. 그리고 자신은 내가 받은 고통에 비하면 아무것도 아니라고 하면서 스스로를 위로하였다.

하나님은 참고 인내하는 Y에게 남편의 마음도 귀하게 돌려 주실 것이라는 생각이 들었다.

내가 누군가에게 조금이라도 위안을 줄 수 있다는 생각에 무한히 감사하였다.

2006년 3월 2일

　하나님께서 생터 사역원 한국 본부장, 코스타KOSTA 강사로 활동하고 계시는 이호현 목사님을 만나게 하여 주셨다. 목사님은 부드러운 미소와 몸에 배인 겸손한 모습으로 바라보기만 하여도 그리스도의 향기가 뿜어져 나오는 듯하였다.

　그러나 조용한 인상의 목사님이 성경의 파노라마를 가르치시는 사이 사이에 주님의 말씀을 전할 때면, 그가 얼마나 주님을 향해 뜨거운 열정과 사랑을 품고 있는지 우리 모두의 마음속에 전해져 오며 많은 도전을 가져다 주었다. 무엇보다 우리가 과연 얼마나 많은 시간을 주님을 위해 살고 있는지, 나에게 맡겨진 사명을 잘 감당하며 살고 있는지 모두는 목사님의 말씀을 통하여 다시 한번 자신들의 삶을 돌아보는 계기가 되었다.

　나는 J. J.를 잃고 난 뒤로 유난히 어려운 환경에 처해 있는 청소년들이나 선교사 자녀들을 위해 기도하며 도울 길을 찾고 있었는데, 같은 부분에 관심을 가진 목사님을 만나니 영적으로 금방 통하는 느낌이 들었다. 나는 목사님과 점심 식사를 하며 간증문을 쓰고 있다는 이야기를 스스럼없이 말씀드렸다.

　목사님은 고통을 주신 것도 다른 사람들과 나누기 위한 주님의 뜻임을 분명하게 말씀해 주셔서 기도 제목을 더 확실히 붙들 수 있게 되었다.

2006년 3월 17일

내 가슴속 깊숙이 고이는 기쁨의 샘터에서
끊임없이 솟아나는 넘치는 사랑을
삶 속에서 나누게 하여 주심을 감사합니다
깊은 산속 신비하게 피어난 이름 모를 꽃들이
당신의 은총임을
비밀히 알게 하심도 감사합니다
온 천지를 붉게 물들이며 찬란한 하루를 마감하는
일몰의 열정을 닮은
뜨거운 가슴을 주심을 감사합니다
가뭄으로 타들어가는 메마른 들판에 비를 내리시어
눈물이 씻기어 내리게 하여 주심도 감사합니다
당신이 내리는 은총의 이슬로 영혼을 적시며
축복 속에 하루를 살게 하심을 감사합니다.

눈을 감아도 투명하게 보이는 천국을 향하여
이 땅에서의 생명이 다하는 그 순간까지
당신의 감미로운 향기로 내 영혼이 물들어
당신께 바쳐지기를 꿈에도 그리며
이제는 세상과의 이별이 두렵지 않음은
목적지를 찾아갈 수 있다는 믿음 때문이지요.

2006년 4월 6일

존은 해비타트Habitat for Humanity of Montgomery County에서 주관하는 집을 수리하고 고치는 일에 주말을 이용하여 봉사하기로 결심하였다고 말하였다. J. J.가 여름방학에 집에 오면 하고 싶어했던 일이고 자신도 언젠가는 해야지 하고 미루었던 일인데 마음에 결심이 섰다고 하면서 5월부터 시작하게 될 것이라고 하였다.

하나님은 마침내 그의 상처를 아물게 하여 주시고 그 자리에서 이웃을 위해 봉사할 수 있는 귀한 열매를 맺게 하여 주신 것이었다. 나는 그가 시작한 자리에서 더욱더 풍성한 열매를 맺기 바라며 하나님께 감사의 기도를 드렸다.

2006년 12월 1일

존이 일하는 회사에서 직원을 많이 감원할 것이라는 발표가 있었다. 먼저 회사원들을 감원하기에 앞서 명예퇴직을 할 의사가 있는 사람은 자진해 하라고 권하였다. 그러면 조금의 혜택이 주어진다고도 하였다. 존은 나이가 많아 감원 대상이 될 수도 있다고 하면서 그러기 전에 그만둘까 하는 생각도 했다. 하지만 그만두면 집값도 완불하지 못하였는데 어떻게 하느냐고 걱정하였다.

생각해 보면 물질은 기본적인 생활을 영위하는 데는 많이 필요하지 않다는 마음이 들었다. 지금의 편안함에서 벗어나고 싶지 않은 일종의 욕심 때문에, 결국은 나의 욕심 때문에 일을 해야만 하는 경우가 더 많다는 생각이 들었다.

나는 항상 생존의 문제에 너무 많은 시간을 할애하고 투자하면서 주님의 일을 위해서는 많은 시간을 내지 못한다는 자책감에 부담을 느끼고 있었는데, 이번 기회에 믿음으로 결단을 내려 하나님의 말씀대로 살아보자고 존에게 말하였다.

너희는 먼저 그의 나라와 그의 의를 구하라 그리하면 이 모든 것을 너희에게 더하시리라 마 6:33.

우리는 이 말씀을 믿음으로 붙들고 기도하며, 하나님은 주어진 삶에서 더 많은 부분을 기도와 봉사에 힘쓰도록 우리 마음을 합하여 주심을 느낄 수 있었다.

예전 같으면 현실적으로 정확한 계획이 없는 한 한 발자국도 내디디지 않을 존이 이 말씀 하나만을 굳게 붙잡고 하나님께 모든 것을 전적으로 맡기며 직장을 그만두기로 결심한다는 것은 참으로 놀라운 결단이요 변화이기도 하였다.

우리는 한편으로 조금은 겁이 나기도 하였지만 앞길을 인도하시는 성령님과 동행하며 성령님과 함께함을 몸으로 체험하는 삶을 살게 될 생각을 하니, 하나님께서 우리 부부에게 어떤 새로운 길을 예비해 놓으셨을까 하는 기대에 전율이 느껴지기도 하였다.

> 궤를 멘 자들이 요단에 이르며 궤를 멘 제사장들의 발이 물가에 잠기자
> 수 3:15.

여호수아 3:15을 다시 한번 천천히 소리 내어 읽었다. 그러나 나는 미처 다 읽지 못하고 울먹이며 미어지는 가슴을 쓸어 내렸다. 아직도 요단 강가에서 머뭇머뭇하며 발을 내딛지 못하는 내 모습을 보았기 때문이었다. 나는 더 이상 머뭇거리지 않고 그 자리에서 결단을 내렸다.
"나의 앞길을 인도하시는 하나님! 믿음으로 순종하게 하시옵소서!"
그 자리에서 하나님께 내 손을 맡기고 생명수같이 흐르는 믿음의 물에 발을 담그었다. 그리고 나는 그 은혜의 강물에 한참을 잠겨 있었다.

2007년 1월 15일

오늘은 하루 종일 『항상 부족함이 없으리로다』 *There is always enough*를 읽었다. 미국에서의 풍요로운 생활을 떠나 최소한의 시설도 갖추어지지 않은 폐허나 다름없는 모잠비크로 자진해 들어가 처참한 환경 속에서 버려지고 병든 이이들에게 예수의 사랑을 실천하며 사는 선

교사 부부의 글을 읽으며 진한 감동으로 가슴이 먹먹하였다.

무엇보다 하나님은 지구 끝에서 외면당한 한 영혼도 놓치지 않으시고 사랑으로 품으신다는 사실에 너무도 감격하여 하루 종일 마음에 감동이 떠나지 않았다.

인간의 한계를 넘은 듯한 초인적인 힘들이 성령님의 도우심으로 기적을 체험하며 살아가는 그들의 삶에서 큰 권능으로 나타남을 느낄 수 있었다.

2007년 4월 18일

미국 워싱턴에 있는 벧엘교회에서 목회하고 계시는 이순근 목사님이 안식년인 일년 동안 한국에 나가셔서 시작하신 에즈마이아 운동Ezmiah Movement에 관하여 이호현 목사님을 통해 듣게 되었다.

에즈마이아에스라, 느헤미야를 합성하여 만든 말이라고 함는 조국으로 돌아와 영적 재건을 위해 쓰임받은 에스라처럼, 정치적 사회적 재건을 위해 쓰임받은 느헤미야처럼 현재 전세계 180여 국 약 5,000여 개 교회를 중심으로 약 650-700만의 한인들이 살아가고 있다. 그들은 마치 현대판 디아스포라이다. 전세계에 흩어져 살고 있는 이민 2세들로 하여금 에스라와 느헤미야처럼 조국에 돌아와 농어촌 사회 봉사를 통하여 특히 침체된 농어촌 주일학교를 위해 영어를 이용해 여름 성경학교와 겨울 성경캠프를 활성화시켜 농어촌 교회의 영적 건강을 회복케 하며, 그들에게 분명한 정체성과 인종적 뿌리를 갖게 함으로써 다음 세대에 영적 지도자로 성장하기를 바라는 마음에서 시작하셨다고 한다.

나는 에즈마이아의 일원으로 참석하기로 결정하고 거기에 대한 준비를 하기 시작하였다.

2007년 5월 30일

하나님께서 조그만 사업체를 준비해 주셨다. 그리고 주 안에서 형제 되어 사랑을 나누며 지내는 박민호 집사 내외와 즐겁게 일할 환경을 허락해 주셔서 너무도 감사한 생각이 들었다.

아침 햇살조차 스며들지 못하는 울창한 숲속을 가로질러 곧게 뻗은 올드 이글 스쿨 로드Old Elgle Schoole Road를 지나 다시 숲속으로 이어지는 커네스토가 로드Conestoga Road 선상에 있는 가게를 향해 운전해 가면서, 나는 그 푸르름을 마시기 위해 차창을 열고 달리곤 하였다.

하늘을 가리고 쭉 뻗은 나무들과 아침 이슬로 흠뻑 젖은 풀잎 사이로 흘러나오는 달콤하고 싱그러운 아침 향기는 나의 영혼에 남아 있는 쓴뿌리들을 제거하며 하루를 맑고 행복한 마음으로 시작하도록 도와주었다.

하나님은 이토록 세심한 부분까지 계획하셔서 아침마다 일터를 향해 가면서 기쁨으로 하루를 열게 해주시는구나라고 생각하며, 나는 가슴을 열어 하나님을 찬양하며 아침을 달렸다.

2007년 6월 1일

　나는 아일린을 만나 에즈마이아 운동에 관하여 설명하며 한국에 가기로 한 계획을 이야기하였다. 아일린은 한국에서 얻은 케이틀린 때문에 평생 기쁨을 얻고 살았는데, 자기도 한국에 무엇으로라도 항상 보답하고 싶었다면서 나와 함께 가고 싶다고 말하였다. 칼레타도 같이 참석하고 싶어하였지만 올해는 사정이 여의치 않아 우리 둘이서 가기로 결정을 하였다.

2007년 6월 23일

　이호현 목사님으로부터 우리 두 사람은 다른 팀과 함께 양평에 있는 고아원으로 가게 되었다는 연락을 받았다. 나는 아일린과 함께 고아원에 가서 영어 캠프에 필요한 학습재료들과 선물들을 시간이 나는 대로 준비하였다.
　그리고 나는 매일 저녁 주님께 매달려 기도하면서, 그들을 만나기에 부족함이 없는 깨끗한 심령과 그리스도의 사랑을 듬뿍 담은 심장을 가지고 찾아갈 수 있게 하여 주십사 하고 간구하였다.

2007년 7월 17일

　인천공항에 내리니 장마철이라 습도가 대단하였다. 사슴같이 예쁘고 순한 눈빛을 지닌 사모님의 모습이 눈에 띄었다. 나는 너무 반가워 사모님을 얼싸안았다.

사모님의 안내를 따라 공항 한구석으로 가니 먼저 도착한 일행들이 우리를 기다리고 있었다. 주위를 둘러보니 우리가 제일 늦게 도착한 모양으로 미국 각지에서 온 사람들이 모두 한곳에 모여 우리를 기다리고 있었다. 주로 중고등학생들이 대부분이었는데 그들 중엔 전도사님, 학부모들, 목사님들도 계시는 듯하였다.

우리는 대기하고 있던 대형버스로 불광동에 있는 기독교 수양관인 팀수양관을 향해 출발하였다.

밖은 벌써 어두워져 어디쯤인지 짐작하기도 힘들었지만 오랜만에 차창 밖으로 비치는 현란한 간판들이 반갑고 정겹게 느껴지며 고향에 대한 정취를 불러일으켰다.

수양관에 도착하니 내 친구 남주와 그의 남편인 강보길 목사님이 우리를 맞아 주었다. 아일린과 나는 수양관에 짐을 내려놓고 잠시 내려와 반가운 친구와 목사님의 안내로 맛있는 저녁과 정겨운 대화로 고국에서의 따뜻함을 대접받았다.

언제 와도 반겨 주는 친구가 있는 고향은 엄마의 품과 같이 아늑하고 푸근하다고 생각하며 개울물 흐르는 소리를 들으며 잠자리에 들었다.

2007년 7월 19일

수양관에서 일찍 잠이 깨어 창밖을 내다보니 북한산이 동양화의 한 폭처럼 바로 눈앞에 들어왔다. 미국은 조금 높은 산을 보려면 몇 시간씩 운전해 가야 하는데 바로 내 눈앞에 높은 바위산이 있다는 것이 믿어지지 않았다.

산밑에서 흘러내리는 맑은 개울물이 바위산을 뒤로 한 채 흘러내리며 빗소리처럼 촉촉하게 아름다운 선율로 내 귓전을 두드렸다.

우리는 각자 주어진 사역지로 떠나가기 전 3일간 이곳에서 수련회를 갖게 되었다.

미국, 캐나다에서 온 학생들과 다른 먼 나라에서 온 학생들도 있었다. 아직 시차도 적응되지 않은 상태에서 시작된 새벽 예배는 "지역을 넘어Beyond Borders, 인종을 넘어Beyond Races"라는 슬로건처럼 모두 한 마음이 되어 주님의 일에 동참하고자 하는 열기로 가득 차 있었다.

우리는 그룹별로 나누어 영어 성경학교에서 할 프로그램를 맡게 되었다. 신망원으로 가는 팀은 수잔Sujan, 그녀의 친구들인 샤데Chardaie 와 톰, 메릴랜드에서 오셨다는 김 전도사님, 아일린과 나였다.

나는 그림과 공예를 맡아 그곳에 가서 할 것들을 열심히 배우고 복습하였다.

이튿날부터 우리 방에 두 분이 더 오셨는데 Dr. 박이라는 분은 어린 딸을 데리고 아프리카까지 봉사를 다녀오셨다고 하였다. 나는 방이 후덥지근해 잠자기가 힘들다는 말을 하였는데, 이 정도는 고급 호텔 수준이라며 아프리카 오지에서 봉사하며 겪은 열악한 환경들을 자세히 이야기하여 주셨다.

나는 그분을 바라보며 신실한 마음으로 많은 사람을 섬기는 모습이 참으로 아름답다는 생각을 하였으며, 잠깐이나마 불편함을 참지 못하고 드러낸 나 자신이 몹시 부끄러웠다.

2007년 7월 20일

예배 시간에 이순근 목사님이 요즘 한국에는 이혼한 부모들이 많은데, 부부가 헤어진 후에 각자 새로운 생활을 시작하느라 자식들을 그들의 연로한 부모님이 계시는 농어촌에 맡겨 놓는 경우가 허다하다고 하였다. 그 아이들은 부모로부터 떨어지고 도시에서 갑자기 낯선 환경인 농어촌으로 옮겨져 이중으로 고통을 겪고 있다고 하였다.

그 많은 아이가 당하는 고통을 누가 치유해 주고 그 상처를 어루만져 줄 것인가!

오 주님! 나도 모르게 입에서 탄식이 흘러나왔다. 어른들의 잘못으로 인해 고통받는 아이들을 생각하니 너무도 마음이 아프고 죄스러워 아일린과 나는 많이 울었다.

거의 이민 2세들로 이루어진 에스마이아 딤돌온 농어촌과 멀리 떨어진 섬에도 찾아가 영어 성경학교를 통하여 상처받고 소외된 아이들에게 조금이라도 위안이 되고자 열심히 기도로 준비하였다.

2007년 7월 21일

이호현 목사님이 주선해 주셔서 잠시 저녁 시간을 내어 케이틀린의 생모와 만나게 되었다. 우리는 미리 예약된 한식집의 방으로 안내되었는데, 두 엄마는 처음에 무슨 말을 먼저 건네야 할 줄 몰라 서로가 감사하다는 말만 여러 번 반복하였다.

나는 케이틀린을 낳아 준 생모에게 그 애가 많은 사랑을 받으며 잘 자라서 머지않아 훌륭한 사회인으로서 첫발을 내디디게 될 것이라고 말해 주었다. 그러면서 참으로 민망해 하는 그 생모의 마음을 달래 주었다. 나는 식사하는 내내 그들의 말을 한마디도 놓치지 않고 통역해 주며 서로가 미처 꺼내 놓지 못하는 마음속에 담긴 말들도 전해 주려고 노력하였다.

그들의 마음속에 오가는 복잡한 마음과 감회를 그 누구가 짐작이나 하겠는가! 나는 통역을 하는 사이 사이에 케이틀린을 낳아 준 엄마가 그 동안 지고 살아왔을 죄책감을 조금이나마 벗어 버리게 도와주고자 하는 아일린의 마음이 상대편에게 충분히 받아들여져 조금은 마음의 짐을 덜게 하여 달라고 주님께 기도하였다.

어쩔 수 없는 어려운 환경에서 오직 그 애의 앞날을 위하여 자식을 포기한 채 먼 나라로 떠나 보내고 난 뒤에 겪어야 했을 그 아픈 마음이 다시 되살아나는 듯 그녀는 연신 눈물을 닦았다. 그러자 아일린이 그녀의 손을 살며시 잡아 주었다. 아일린도 그 애를 기르면서 함께한 희노애락의 시간들을 짧은 시간에 풀어 내기가 힘든 듯 두 엄마는 손을 꼭 잡은 채 마음에 담아 둔 수많은 말을 대신하고 있었다.

은총의 날개를 펴고

여호와 나의 하나님이여
내가 주께 영영히 감사하리이다 시 30:12.

2007년 7월 23일

아름다운 양평산 기슭에 자리 잡은 신망원은 입구에 들어서자마자 아이들이 뛰노는 소리로 가득 차 우리의 가슴을 설레게 해주었다.

오늘 방학을 한 아이들도 있으며 더러는 내일 방학을 한다고 하였다.

복도를 지나 우리들이 묶을 방으로 짐을 풀러 가는 도중에 6명의 아기들이 있는 "지혜방"을 지나게 되었다. 우리는 짐을 풀자마자 그 방으로 들어갔다. 마침 아기들을 차례로 목욕시키고 옷을 갈아입히는 시간이라 선생님을 도와 목욕을 시켜 주기로 하였다.

방안에 들어서자마자 그림책을 가지고 달려와 안기며 같이 놀아 달라고 내 무릎에 안긴 두 살짜리 진우는 빨리 자기책을 쳐다보라고

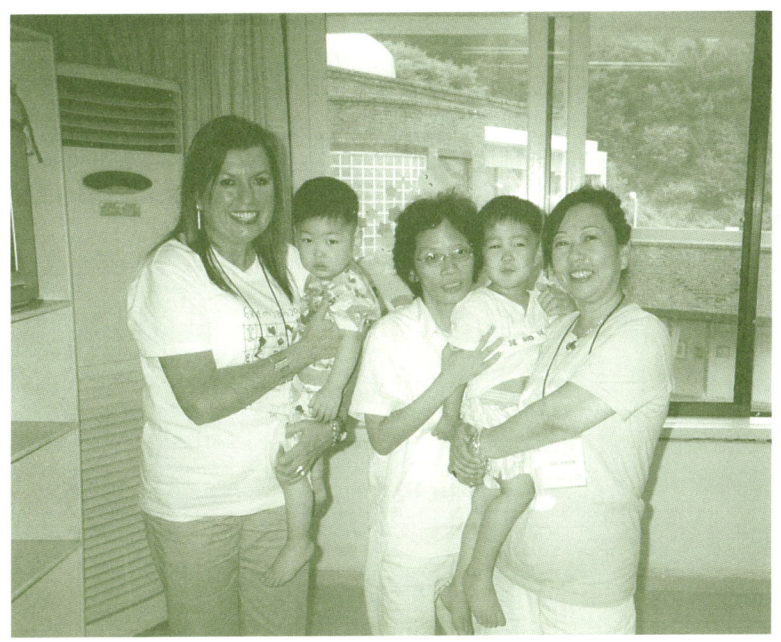

▶ 두 번째 한국 방문(신망원에서 진우, 진영이와 함께)

재촉하면서 나를 엄마라고 불렀다. 그 한마디로 이 아이는 나의 마음을 순식간에 빼앗아 버렸다. 다시는 들어볼 수 없었던 그 한마디를 진우는 스스럼없이 불러 주었다.

나는 진우를 엄마가 된 심정으로 꼭 안아 주며 마음속으로 중얼거렸다. "정말 너의 엄마가 되어 이 세상에 있는 동안 꼭 너를 기억하고 기도하며 하나님이 허락하시면 매년 이곳에 와서 너의 자라는 모습을 보고 싶구나……."

말을 너무 잘하는 진우, 항상 웃는 얼굴의 장난꾸러기 진영, 듬직

은총의 날개를 펴고 | 253

한 우량아 재일이, 자꾸 안아 달라고 울어 내 마음을 아프게 하는 은성이는 천사 같은 박선일 선생님에게 조금도 쉴 틈을 주지 않고 부지런히 말썽을 부렸다. 박선일 선생님이 능수능란한 솜씨로 6명의 아기를 사랑으로 돌보는 모습에 아일린과 나는 감탄하지 않을 수 없었다.

아이들은 모두 밝고 명랑하였으며 간혹 서로 싸우고 울기도 했지만 조금 뒤에 와서 보면 언제 그런 일이 있었냐는 듯 다시 장난치며 놀아서 우리들의 어린 시절을 생각나게 하여 주었다.

어린아이들이 울고 있으면 어느새 형과 누나들이 와서 달래 주고 놀아 주는 모습이 너무도 보기 좋았다.

2007년 7월 24일

아침 6시가 되자 천정에 있는 스피커에서 찬양곡이 흘러나와 우리의 달콤한 새벽잠을 깨웠다. 2층의 넓은 복도를 따라 나란히 닫혀 있던 방문들이 하나 둘씩 열리기 시작하면서 막 잠에서 깨어난 아이들이 하품을 하며 나오는 모습들이 보였다.

화장실 옆에 따로 마련된 세면대는 반질반질한 파란 타일에 여러 개의 수도가 나란히 벽에 붙어 있었다. 세면대 위로 크게 난 창문을 통해 앞을 바라보니 울창한 숲이 눈에 들어왔다. 그리고 물소리가 들려오는 것을 보니 어두컴컴한 숲속에 개울이 흐르는 듯하였다.

나는 양치질을 하며 한참을 아름다운 경치에 취해 있었다.

6시 30분에 모두 모여 앉아 김 전도사님의 인도 아래 아침 예배를 드렸다. 한 사람도 빠짐없이 돌아가면서 성경 구절을 읽었는데, 귀한 아침 시간을 하나님께 드리는 그 귀한 영혼들을 하나님께서 반드시 기억하시고 그들의 생애를 축복하여 주시리라는 생각이 들었다.

아침 식사 때는 모두 두 손을 모으고 "날마다 우리에게 양식을 주시는 은혜로우신 하나님 참 감사합니다 아멘."을 불렀다. 어린아이들도 식탁에 앉아 고사리 같은 두 손을 모으고 큰소리로 노래를 따라 불렀다.

모두가 둘러앉은 신망원의 아침 식탁 위에 눈부신 아침 햇살을 타고 하나님의 미소가 흘러 들어오는 듯하였다. 정말 오랜만에 온 마음으로 잊었던 노래를 부르며 나에게 이들과 함께할 수 있는 기회를 주신 하나님께 한없는 감사를 드렸다.

우리는 아침부터 아이들에게 영어로 성경 구절과 찬양곡을 가르치고 그림을 그리고 만들기를 하면서 저녁 9시까지 바쁘게 보냈다.

샤테는 하버드대학교 4학년에 재학 중인데 여름방학을 이용하여 한국에 봉사를 하러 나온 것이었다. 그녀는 아이들을 가르치는 도중 사이 사이에 영어를 열심히 공부하고 하나님께 열심히 기도하면 자기가 다니는 하버드대학교도 갈 수 있다고 말하며 많은 아이에게 용기와 희망을 주려고 노력하는 모습이 보였다.

전체적으로 영어는 샤테가 가르치고 우리는 세 그룹으로 나누어 카드놀이 등을 통하여 간단한 단어들을 가르쳤다. 그리고 하루에 간단한 성경 구절 하나씩 암송하게 하였는데, 알파벳도 제대로 모르는 꼬마들도 큰 아이들 틈에 끼어 "네가 어디로 가든지 네 하나님 여호와가 너와 함께하느니라for the Lord your God is with you wherever you go"수 1:9를 암송하였다. 내가 좋아하는 찬양곡 중의 하나인 "당신은 나의 모든 것입니다You are my all in all"를 캠프가 끝나는 날에는 다같이 외워 부를 수 있게 되었다.

하나도 빠뜨리지 않고 배우려는 그 아이들의 열의는 여름날의 목마른 나무들이 지나가는 소낙비를 흡수하듯 빠르게 흡수하며 싱그러운 나무처럼 건강하고 아름답게 우뚝 서 있는 듯하였다.

내가 약할 때 당신은 힘을 주십니다
You are my strength when I am weak

당신은 나의 보배임을 내가 볼 수 있습니다
You are the treasure that I seek

당신은 나의 모든 것입니다
You are my all in all

당신은 귀중한 보물인 것을 봅니다
Seeking you as a precious jewel

주님, 내가 바보처럼 포기할 때
Lord, to give up I'd be a fool

주님은 나의 모든 것이 되었습니다

You are my all in all

예수 어린양 존귀한 이름
Jesus, Lamb of God, worthy is your name

십자가에서 나의 모든 죄를 사해 주셨습니다
Taking my sin, my cross, my shame,

내가 당신의 이름을 찬양합니다
Rising again I bless your name

당신은 나의 모든 것입니다
You are my all in all

내가 쓰러지면 당신은 나를 세워 주십니다
When I fall down, you pick me up

내가 목마를 때 당신은 나의 잔을 채워 주십니다
When I am dry, you fill my cup

당신은 나의 모든 것입니다.
You are my all in all.

나는 두 손을 높이 들고 아이들과 함께 찬양을 드렸다.

2007년 7월 26일

아이들과 이별할 날이 얼마 남지 않았다고 생각하니 벌써부터 가슴이 무거웠다.

신망원 아이들은 많은 사람이 다녀가곤 해서 그런지 별로 헤어짐에 대해 개의치 않는 것 같았다.

얼마나 많은 사람이 다시 오겠다는 약속을 지켰는지 알 수 없었지만 이 아이들은 이렇게 담담함으로 상처를 받지 않기 위한 보호막을 치고 있는지도 모른다는 생각이 들었다.

나는 이곳을 다시 찾을 것이지만 약속 같은 것은 절대 입 밖에 내지 않았다. 그저 한 아이 한 아이를 가슴속에 새기며 모두의 모습을 눈 안에 담으려고 노력하였다.

우리는 곰 인형을 만들어 그 안에 각자의 기도 제목을 영어와 한글로 적어 꿰매었다. 그리고 매일 밤 잠들기 전 곰 인형을 끌어안고 그 안에 적힌 기도 제목들을 생각하며 기도하라고 하였다.

아이들이 말하는 대로 기도 제목을 적어 주었는데, 어떤 아이는 엄마가 꼭 자기를 찾으러 오게 해 달라고 말해서 나의 가슴을 울렸.

대부분의 아이들은 자신의 꿈인 축구 선수, 선생님 등을 적어 넣어 곰 인형을 만들었다. 하나님은 분명히 이 아이들에게 빛나는 미래를 만들어 놓으셨을 거라는 생각이 들어 나도 모르게 미소가 떠올랐다.

2007년 8월 16일

이호현 목사님이 내년 2월에 청소년 소녀 가장들을 40명 정도 모아 비전스쿨을 계획하고 계신다는 말씀을 해주셨다. 목사님은 환경이 빈

곤한 아이들에게 경제적으로 도와주는 것도 좋지만 정체성이 확립되어 가는 청소년 시기에 인생을 걸 만한 비전을 확고하게 가진다면, 남은 인생을 가치 있게 살아갈 것이라고 힘주어 말하셨다. 또 하나님이 우리를 통해 이루시고자 하는 방향으로 살아가면, 하나님의 백성의 꿈이 이루어지는 순간 하나님의 꿈도 이루어지는 것이라고 하셨다.

이 말을 듣는 순간 하나님은 내 마음속에 품고 있던 기도 제목을 목사님을 통하여 실현시켜 주시는구나 하는 생각이 들었다.

청소년 소녀 가장들이 어려운 환경에서 하나님 나라를 향한 꿈을 가슴에 품고 강력한 비전을 가지고 살아갈 때, 그 어려운 환경을 뛰어넘어 남을 돕는 하나님의 자녀로서 거듭나게 될 것이라는 생각에 나는 전적으로 목사님의 사역에 동참하기로 하였다.

하나님은 나에게 많은 영의 자녀들을 허락하시며 앞으로도 주실 영의 자녀들을 통하여 기쁨을 느끼게 하여 주셨다. 하루하루의 삶에서 하나님이 하시는 일들을 보면서 "합력하여 선을 이루시는" 하나님의 깊은 섭리와 은혜에 오늘 하루도 감사와 찬양을 드렸다.

2007년 8월 17일

유봉재 목사님이 인도하시는 집회에 참석하게 되었다. 나는 전부터 영성훈련의 하나인 뜨레스디아스 Tresdias에 한번 참석해 보고 싶었는데 김은범 목사님이 좋은 계기를 마련해 주셨다. 나는 그곳에서 성령님의 임재를 체험하며 온몸으로 예배를 드렸다.

  그곳에 모인 사람들이 성령님의 기름 부으심으로 온전히 성령님의 인도하심을 받아 찬양으로, 온갖 몸짓으로, 방언으로, 눈물로, 웃음으로 모두 한마음이 되어 오직 하나님만 바라보며 뜨거운 예배를 드렸다. 나는 율동으로 저절로 입에서 흘러나오는 찬양으로 경배를 드렸다.

  내 손을 주께 높이 듭니다
  내 찬양받으실 주님
  내 맘을 주께 활짝 엽니다
  내 찬양받으실 주님
  슬픔 대신 희락을
  재 대신 화관을
  근심 대신 찬송을
  찬송의 옷을 주셨네.

2007년 9월 1일

절망의 늪에 빠져서 영원히 헤어 나올 수 없을 것 같았던
절명의 순간들이 생각난다
내 의지로는 아무것도 할 수 없었던 벼랑 끝에 서서
나는 그분에게 온몸을 맡기며 날아 보고 싶었다
주님은 그때 나를 가만히 잡아 주시며

나에게 다시 날 수 있는 날개를 달아 주셨다
그것은 하늘나라까지 날아갈 수 있는
소망이라는 이름의 은총의 날개였다
나는 주님이 주신 이정표를 따라
나에게 주신 날개를 훨훨 저으며
기쁨으로 이 세상을 날 것이다
그리고 어느 날 하나님이 나를 부르시면
구차스러운 내 육신의 허물을 훌훌 벗어 던지고
나를 사랑으로 창조하신 그분이 있는 곳
내 아들과 사랑하는 사람들이 있는 영원한 안식처인
그 나라를 향해 한 손을 높이 들고 여호와를 찬양하며
내 영혼은 하늘을 향해 날아가리라
저 높고 높은 천국을 향해 끊임없이 날아오르리라.

주께서 나의 슬픔을 변하여 춤이 되게 하시며 나의 베옷을 벗기고 기쁨으로 띠 띠우셨나이다 이는 잠잠치 아니하고 내 영광으로 주를 찬송케 하심이니 여호와 나의 하나님이여 내가 주께 영영히 감사하리이다시 30:11-12. 아멘.

하나님의 섭리 가운데 이루어진 연단을 통하여 나는 이 땅에서 천국까지 볼 수 있는 시야를 얻었고 고통받는 사람들의 마음을 가슴으로 어루만져 줄 수 있는 긍휼한 손길을 가질 수 있게 되었다. 너무 아파 신음소리조차 내기 힘들었던 그 순간에도 그분은 나에게 더 큰 비전을 안고 혼자 날 수 있는 날개를 달아 주시기 위해 아픈 사랑을 쏟아 부어 주셨다.

나는 이제 이 땅에서 소외받고 가난한 자들 곁에서 그들을 섬기시던 주님의 모습을 닮아가며 나의 삶이 변화되어 하나님이 원하시는 모습으로 살아가기를 간절히 소원해 본다.

이호현 목사님이 사역하시는 청소년 비전스쿨에 참석한 소년 소녀 가장 아이들이 작성한 사명 선언문을 읽어 보았다. 그들의 꿈 하나 하나엔 하나님이 우리를 통하여 이루고자 하시는 아름다운 꿈들이 가득 담겨 있었다.

우리 부부는 좀더 가까이서 그 꿈나무들이 건실하고 예쁘게 믿음의 뿌리들을 깊게 내리고 자랄 수 있도록 필요한 밑거름이 되어 주려고 한다. 우리가 실질적으로 한국에 있는 아이들을 돕기 위해선 비영리 단체 형식으로 정부에 등록을 하여야 하는데 Not alone(God is with us)이라는 이름으로 절차를 밟고 있는 중이다.

새로운 삶 속에 겸허한 마음으로 비상을 꿈꾸며 나를 다듬어 주시는 토기장이 하나님께 감사와 찬양을 올려 드린다.

너희 안에서 행하시는 이는 하나님이시니 자기의 기쁘신 뜻을 위하여 너희로 소원을 두고 행하게 하시나니 빌 2:13.

생명의말씀사

사 | 명 | 선 | 언 | 문

> 너희가 흠이 없고 순전하여……세상에서 그들 가운데 빛들로
> 나타내며 생명의 말씀을 밝혀 (빌 2:15-16)

1. 생명을 담겠습니다.
만드는 책에 주님 주신 생명을 담겠습니다.
그 책으로 복음을 선포하겠습니다.

2. 말씀을 밝히겠습니다.
생명의 근본은 말씀입니다.
말씀을 밝혀 성도와 교회의 성장을 돕겠습니다.

3. 빛이 되겠습니다.
시대와 영혼의 어두움을 밝혀 주님 앞으로 이끄는
빛이 되는 책을 만들겠습니다.

4. 순전히 행하겠습니다.
책을 만들고 전하는 일과 경영하는 일에 부끄러움이 없는
정직함으로 행하겠습니다.

5. 끝까지 전파하겠습니다.
모든 사람에게, 땅 끝까지, 주님 오시는 그날까지
복음을 전하는 사명을 다하겠습니다.

생명의말씀사 서점안내

광화문점 110-061 종로구 신문로 1가 58-1 구세군 회관 2층
　　　　　TEL. (02) 737-2288 / FAX. (02) 737-4623

강 남 점 137-909 서초구 잠원동 75-19 반포쇼핑타운 2층 전관
　　　　　TEL. (02) 595-1211 / FAX. (02) 595-3549

구 로 점 152-880 구로구 구로 3동 1123-1 3층
　　　　　TEL. (02) 858-8744 / FAX. (02) 838-0653

노 원 점 139-200 노원구 상계동 749-4 삼봉빌딩 지하1층
　　　　　TEL. (02) 938-7979 / FAX. (02) 3391-6169

분 당 점 463-824 경기도 성남시 분당구 서현동 269-5 서원프라자 서현문고 서관 4층
　　　　　TEL. (031) 707-5566 / FAX. (031) 707-4999

신 촌 점 121-806 마포구 노고산동 107-1 동인빌딩 8층
　　　　　TEL. (02) 702-1411 / FAX. (02) 702-1131

일 산 점 411-370 경기도 고양시 일산구 주엽동 83번지 레이크타운 지하 1층
　　　　　TEL. (031) 916-8787 / FAX. (031) 916-8788

의정부점 484-010 경기도 의정부시 금오동 470-4 성산타워 3층
　　　　　TEL. (031) 845-0600 / FAX. (031) 852-6930

파 주 점 413-012 경기도 파주시 금촌 2동 68번지 송운빌딩 2층
　　　　　TEL. (031) 943-6465 / FAX. (031) 949-6690

인터넷서점

http://www.lifebook.co.kr